Korbinian Birnbacher

Weites Leben, weites Herz

Korbinian Birnbacher

Weites Leben, weites Herz

Gut leben nach dem Bauplan
des heiligen Benedikt

In Zusammenarbeit mit
Josef Bruckmoser
und
mit einem Vorwort von
Christoph Kardinal Schönborn

Tyrolia-Verlag · Innsbruck-Wien

FSC
www.fsc.org
MIX
Papier aus verantwortungsvollen Quellen
FSC® C014138

Nachhaltige Produktion ist uns ein Anliegen; wir möchten die Belastung unserer Mitwelt so gering wie möglich halten. Über unsere Druckereien garantieren wir ein hohes Maß an Umweltverträglichkeit: Wir lassen ausschließlich auf FSC®-Papieren aus verantwortungsvollen Quellen drucken und verwenden Farben auf Pflanzenölbasis. Wir produzieren in Österreich und im nahen europäischen Ausland, auf Produktionen in Fernost verzichten wir ganz.

Mitglied der Verlagsgruppe „engagement“

Umschlag, Layout und digitale Gestaltung: Tyrolia-Verlag, Innsbruck
Coverbild: © Günter Standl
Druck und Bindung: FINIDR, Tschechien
ISBN 978-3-7022-4188-9
E-Mail: buchverlag@tyrolia.at
Internet: www.tyrolia-verlag.at

INHALT

VORWORT

In Österreich gibt es neun Diözesen (und ein Militärordinariat), zwei davon sind Erzdiözesen: Wien und Salzburg. Wien ist freilich erst halb so alt wie Salzburg, denn Salzburg wurde zu Beginn des 8. Jahrhunderts vom heiligen Rupert gegründet, Wien erst im 15. Jahrhundert. Österreich ist reich an Klöstern, weshalb man gerne von „Klösterreich" spricht. Doch gibt es nur ein Kloster, das sich als Erzabtei bezeichnen darf: das Stift St. Peter, das älteste durchgehend besiedelte Kloster nördlich der Alpen. Gegründet wurde es vom heiligen Rupert, wie die Erzdiözese Salzburg. Deshalb gehören beide bis heute untrennbar zusammen. Es gibt viele Äbte in Österreich, nur einer darf den Titel Erzabt tragen, der Abt von St. Peter, wenn auch dieser Titel bei weitem nicht so alt ist wie das Erzstift und die Erzdiözese.

Manche mögen den Kopf schütteln ob all der Titulaturen und kirchlichen Organisationsformen. Sie sind Teil einer langen Geschichte, aber sicher nicht das Wichtigste und Wesentliche an ihr. Um Geschichte und Gegenwart geht es im vorliegenden Buch von Korbinian Birnbacher, dem Erzabt des Erzstifts St. Peter. Es ist eine Art Autobiographie, die in Betrachtungen zur Benediktsregel hinein verwoben ist. Die Spannweite seines Lebens wird anschaulich, von der Kindheit und Jugend im bayrischen Heimatdorf bis zu den Leitungsaufgaben im Kloster, im Orden und in der Gesellschaft.

Mich hat an seinen Betrachtungen zur Regel des heiligen Benedikt am meisten fasziniert, wie sehr diese grundlegende Schrift des abendländischen Mönchtums wirklich ein „Bauplan" zum guten, gelingenden Leben ist. Es ist wohl kein Zufall, dass es Einkehrtage, Besinnungswochenenden für Manager gibt, die einfach die Benediktsregel als Grundlage nehmen. Erzabt Korbinian verbindet in seinen Betrachtungen Zitate aus der Regel mit den nüchtern und ehrlich geschilderten Erfahrungen seiner Klostergemeinschaft und mit den praktischen Anwendungen im Alltag für jedermann (dieses Wort muss man in Salzburg nicht gendern!).

Erneuerung der Gesellschaft, Erneuerung der Kirche, beides im Licht der Weisheit der Benediktsregel, darum geht es dem Autor. Die Kirche befindet sich zurzeit mitten in einem Prozess, der unter dem Stichwort „Synodalität" steht. Kein Zweifel, sie kann dabei viel von der monastischen Tradition lernen, von ihren Leitungs- und Gemeinschaftsformen, vor allem aber von der Ausgewogenheit in allen Lebensfragen. Ein Kernanliegen der Benediktsregel trifft sich mit dem derzeitigen synodalen Prozess: die rechte Unterscheidung als Voraussetzung für das richtige Entscheiden. In unserem Nachbarland Deutschland führt der dort begonnene „Synodale Weg" zu erheblichen Spannungen mit anderen Teilen der Kirche und mit Rom. Papst Franziskus mahnt immer wieder „die Unterscheidung der Geister" an, das heißt die gemeinsame Frage nach dem Willen Gottes, nach dem Weg, den er uns zeigt. Die Plausibilität der gesellschaftlichen Entwicklungen kann nicht das allein maßgebende Kriterium sein, um den rechten Weg der Unterscheidung zu gehen. Gerade hier kann die Benediktsregel mit ihren Weisungen zur Klugheit, Ausgewogenheit und Gemeinsamkeit helfen, Engführungen zu vermeiden. Ich glaube, die Synode im Oktober 2023 ist in Rom diesen Weg gegangen, ohne Scheuklappen, aber auch ohne Überstürzung. Die berühmten „Heißen Eisen", die bei uns diskutiert und oft als die einzigen Heilmittel angepriesen werden, bedürfen des weiteren Blicks auf die Weltkirche und der kritischen Gegenlektüre. Gerade der heilige Benedikt steht für diese Ausgewogenheit, die nichts zu tun hat mit mangelndem Mut, im Gegenteil!

Da ich mit Erzabt Korbinian gemeinsam in der „Gemischten Kommission Bischöfe – Orden“ sitze, möchte ich dieses Vorwort nicht beenden, ohne ein Wort zu dem zu sagen, was ich die „systemische Spannung“ zwischen Diözesen und Orden, Pfarren und Klöstern zu nennen pflege. Da wir oft miteinander darüber gesprochen haben, soll dies auch ein Zeichen unserer Verbundenheit sein. Ich bin beides, Ordensmann und Diözesanbischof, Dominikaner (seit 60 Jahren, da ich mit 18 ins Kloster ging) und Vorsteher der Erzdiözese Wien. Es liegt „in der Natur der Sache“, dass Diözesen und Orden verschieden „funktionieren“, meist harmonisch, aber immer mit einer gewissen Grundspannung, die nicht mit persönlichen Differenzen zu tun hat, sondern eben „systemisch“ ist.

Das Thema ist nicht neu. Mit dem Aufkommen der Bettelorden im 13. Jahrhundert hat sich diese Spannung verschärft, was zu heftigen Konflikten in der Theologie, im Kirchenrecht und in der Pastoral führte. Das blieb auch so mit den neuen Orden des 16. Jahrhunderts und auch mit den großen Seelsorgsorden des 19. Jahrhunderts. Sie alle haben die päpstliche Exemption, unterstehen also nicht dem Bischof, es sei denn in der Pfarrpastoral. Genau da aber zeigen sich die „systemischen Spannungen“. Ein Beispiel: Bisher waren fast 45 Prozent der Pfarren der Erzdiözese Wien in Betreuung durch die Orden, sei es als inkorporierte Stiftspfarren, sei es als den Orden anvertraute Pfarren. Solange wir alle genügend Priester- und Ordensnachwuchs hatten, verlief das Miteinander relativ harmonisch. Die Zeiten haben sich geändert. Die Orden spüren die Not, die Diözesen ebenso. Beide müssen wir in dieser Situation noch mehr die Gemeinsamkeit suchen. Doch wie? Gerade als Bischof ist es mir wichtig, dass die Orden ihr gemeinsames Gebets- und Ordensleben nicht vernachlässigen. Denn nur lebendiges Ordensleben ist für junge

Menschen anziehend. Doch hoffe ich zugleich als Bischof, dass die Orden ihre Pfarren betreuen. Das brauchen die Pfarren, aber auch die Klöster mit ihrer oft Jahrhunderte alten Verbundenheit mit ihren Pfarren. Innenleben und Außendienst der Orden ist deren große Herausforderung. Als Bischof soll ich beides fördern, doch soll keines dabei zu kurz kommen. Genau dieselbe Herausforderung erleben die Ordensgemeinschaften. Beide, Bischöfe und Orden, müssen mit diesen Spannungen leben. Sie fordern uns heraus zu ehrlicher brüderlicher Gemeinschaft. Beiden ist uns die gegenseitige Förderung aufgetragen. Gemeinsam soll uns auch die Wertschätzung und die geschwisterliche Verbundenheit mit den Frauenorden sein. Exemplarisch ist das in Salzburg sichtbar durch das älteste Frauenkloster des deutschen Sprachraums, das Stift Nonnberg, ebenfalls vom heiligen Rupert gegründet. Bis heute sind alle drei Stiftungen des heiligen Rupert eng miteinander verbunden, kirchlich, sozial und geschwisterlich. Es ist vielleicht ein Geheimnis, das ich hier über meinen Mitbruder, Ordensmann wie ich, den Erzbischof Dr. Franz Lackner, verrate: Seine tägliche frühmorgendliche Ertüchtigung führt ihn vom Kapitelplatz zum Kloster St. Peter und zum Nonnberg. So lebt er täglich die Verbundenheit der drei Stiftungen des heiligen Rupert.

Möge der heilige Rupert samt dem heiligen Virgil allen dreien Segen, Gedeihen und gutes Wirken erbitten!

+Christoph Kardinal Schönborn

I.

MIT BENEDIKT IM KLOSTER LEBEN

MÖNCH AUS BERUFUNG, „ARCHITEKT" AUS LEIDENSCHAFT

Seht, in seiner Güte
zeigt uns der Herr den Weg des Lebens.

Regula Benedicti Prol 20

Hätte ich mich nicht für das Kloster entschieden, wäre ich wohl Architekt geworden. Ich habe eine gute räumliche Vorstellungskraft, aber ich bin überzeugt, dass ich an der Geometrie oder an der Mathematik gescheitert wäre. Oder ich wäre am Ende in irgendeinem Architektenbüro gelandet, wo ich Wintergärten und Garagen gezeichnet hätte – nicht die großen Museumsbauten oder gar einen Kirchenbau …

Durch eine außerordentliche Gunst des Schicksals bin ich Abt geworden und damit zwangsläufig auch Bauherr. Dadurch habe ich viel mehr Möglichkeiten, etwas zu gestalten, als ich es in einem kleinen Architektenbüro je gehabt hätte. Die Phase, in der mir das Kunstressort im Kloster anvertraut wurde, fiel in eine glückliche Periode, in der viel umgesetzt werden konnte. Ich habe eine günstige Epoche erwischt, weil man nach dem Zweiten Weltkrieg jahrzehntelang nicht an große Bauten, Sanierungen oder Veränderungen denken konnte.

Allein die Neugestaltung der Bibliothek war eine spannende Herausforderung. Da brauchte es die intelligente technische Umsetzung, um die riesige Anzahl von gut 200.000 Büchern zu verwalten. Es galt, im Kontext der historischen Bauvorgabe eine zeitgemäße Formensprache für eine Bibliothek zu finden, die den wertvollen historischen Bestand nicht erdrückte.

Noch komplexer war die Neugestaltung des Altarraumes in der Stiftskirche. Diese ist nach allgemeiner Einschätzung sehr gut gelungen – vielleicht gerade deshalb, weil man im äußeren Erscheinungsbild des neuen Altarraumes kaum erkennen kann, wie viel tatsächlich umgestaltet wurde. Die benediktinische Quartalschrift aus Beuron heißt „Erbe und Auftrag". So sehe ich das: Ich muss das Erbe des Klosters annehmen, aber ich muss es auch weiterentwickeln ... Erbe und Auftrag! Ich darf keine museale Käseglocke darüberstülpen, sonst wird es tot. Im neuen Altarraum hat die ganze Gemeinschaft der Mitbrüder Platz. Wir bilden einen Kreis, und jeder weiß, wo er sich hinstellen muss. Jeder kennt die Ordnung und seinen Platz.

Ich bin ein Beute-Bayer

Mein Geburtsort Anger liegt im Rupertiwinkel, jenem Teil von Bayern, der erst 1816 – nach dem Wiener Kongress – von Salzburg abgetrennt und Bayern zugeschlagen wurde. Wir wurden daher von den „richtigen" Bayern westlich etwa von Teisendorf als „halbe Österreicher" bezeichnet: „Ihr seid nicht richtig bayerisch." Tatsächlich war der Unterschied allein in der Sprache erheblich. Wir sprachen nicht das breite chiemgauerische oder oberlandlerische Bayerisch, sondern wir hatten auch Ausdrücke, die es nur in Salzburg gab. Meine Mutter, Jahrgang 1928, kannte ganz alte Ausdrücke, die es im Bayerischen nicht gab, die ich aber interessanterweise später wieder in Grödig oder in Abtenau gehört habe oder von Pater Jakob, einem Mitbruder, der aus einer eingesessenen Familie in Elsbethen stammt. Zum Beispiel *Schuikalier* statt Schulranzen oder phonetische Diphthonge wie zum Beispiel *Kyriedog* für Kirtag.

1821 kam Anger zum Erzbistum München. Damit rückte der Bischof, der in der Salzburger Zeit des Rupertiwinkels ganz nahe gewesen war, plötzlich sehr weit weg. Die Pfarren an den Rändern der neuen Erzdiözese München und Freising, wie beispielsweise Anger plötzlich eine war, wurden vergessen. Deshalb war und ist es für die Menschen meiner Heimat so bedeutsam, dass einer von ihnen Abt von St. Peter ist. Das ist mir erst so richtig bewusst geworden, seit ich selber in St. Peter eingetreten bin. Aber für mich als Angerer war Salzburg schon in meiner Kindheit und Jugend ein Stück Heimat, ein Sehnsuchtsort, eine elegante, großzügige Stadt. Ich bin als Schüler mit dem Fahrrad von Anger nach St. Peter gefahren, ich war historisch und kunsthistorisch interessiert, und die Gebäude haben mich sehr beeindruckt.

Mit sechzehneinhalb Jahren fuhr ich mehrmals mit dem Fahrrad nach Salzburg, um die Landesausstellung „St. Peter in Salzburg – Schätze europäischer Kunst und Kultur“ anzusehen. Insgesamt habe ich diese Ausstellung sechsmal besichtigt. Meine Eltern und Geschwister vermuteten, ich hätte eine Freundin in Salzburg. Ja, ich hatte tatsächlich eine Freundin, aber die war 1300 Jahre alt. Mich hat der Mikrokosmos dieses eindrucksvollen Klosters fasziniert. Die geistige Weite: Naturwissenschaften, Mineralien, kunsthistorische Schätze, die Bibliothek.

Heimat ist nicht unbedingt ein Territorium. Es ist mehr eine Haltung, ein Gefühl. Mir geht es um die Menschen, mit denen ich gern beisammen – *beinand* – bin. Als Benediktiner sind für mich Orte von großer Bedeutung, an denen ich mich wohl fühle. Mein Freund, der Fernsehmoderator und Regisseur Bertl Göttl, hat nach meiner Abtsweihe eine TV-Sendung mit mir gemacht, in der wir von meiner Heimat Anger mit dem Fahrrad nach St. Peter gefahren sind. Er wollte unbedingt diese Geschichte erzählen, den Weg von Anger nach St. Peter – ein Weg, der historische

Zusammenhänge und meinen persönlichen Hintergrund abbildet.

„Dann wirst du Erzabt in St. Peter"

Mein erster direkter Kontakt mit einer größeren kirchlichen Einrichtung war das Studienseminar St. Michael in Traunstein. Dort wurde ich bis zu meinem Abitur im Jahr 1987 von Weltpriestern erzogen. Sehr offen. Es gab auch keinen Druck, Priester werden zu müssen. Aber selbstverständlich wollten die Verantwortlichen eine Atmosphäre schaffen, die den Priesterberuf nicht von vornherein ablehnte. Wir wurden bei Exerzitien in erster Linie von Franziskaner-Minoriten und vereinzelt auch von Jesuiten begleitet. Das waren fantastische Leute. Im Unterschied zu anderen Seminarien erlebten wir in Traunstein eine vergleichsweise freie Erziehung.

Als wir einmal das erzbischöfliche Borromäum in Salzburg besuchten, schossen uns die Schüler dort beim Fußball in Grund und Boden und waren uns auch musikalisch weit überlegen. Aber das Haus und die Erziehung machten einen wesentlich älteren und strengeren Eindruck, als wir es gewohnt waren. Ich war entsetzt über die riesigen Schlafsäle, die es im Borromäum Anfang der 1980er Jahre immer noch gab. Wir in Traunstein hingegen hatten ab der elften Klasse Einzelzimmer. Auch besuchten wir selbstverständlich einen Tanzkurs, um den uns die Borromäisten beneideten.

Nach den damals 13 Schuljahren absolvierte ich 1987 im Alter von 20 Jahren das Abitur. Da kam beruflich vieles auf den Schirm. Vor allem die Möglichkeit eines Architekturstudiums. Ich dachte ganz rational: „Wenn ich in St. Peter eintrete und davon ausgehen muss, dass ich vielleicht nicht bleibe, dann bin ich 22 oder 23 Jahre alt. Danach müsste ich 18 Monate Militär- oder Zivildienst nachholen, von dem ich ja als Priesterseminarist oder Ordensmann befreit war. Dann wäre ich schon 24 oder 25 Jahre alt und könnte erst sehr spät mit dem Architekturstudium anfangen. Dann wäre ich viel zu alt."

Auch die Nähe zum Kloster St. Bonifaz in München spielte eine Rolle. Den dortigen Abt Odilo Lechner durfte ich 1983 in München beim Katholikentag kennenlernen. Er war eine große Inspiration für mich und ich hatte ihm damals schon sehr viel zu verdanken. Als ich mich für ein klösterliches Leben entschieden hatte, fragte ich mich, welches Kloster das meine sein würde. Ich überlegte, ob ich in St. Bonifaz eintreten sollte, aber es war klar, dass ich nur wegen des Abtes dorthin gehen würde. Abt Odilo, der als Universitätsassistent auch enge Beziehungen zu Salzburg hatte, sagte mir: „Ich hätte mir gedacht, du könntest einmal mein Nachfolger werden. Ich bin aber auch glücklich, wenn du nach St. Peter gehst. Dann wirst du eben dort Erzabt."

Natürlich habe ich nicht geglaubt, dass es dazu kommen würde, als ich 1987 in St. Peter eintrat. Ich sagte mir: „Das mache ich jetzt, ich will jetzt genau wissen, ob ein Kloster mein Weg ist." Mein Vater, der nicht besonders fromm war und im Krieg vieles mitgemacht hatte, meinte: „Mein Weg wäre es nicht, aber wenn das dein Weg ist, dann musst du diesen Weg gehen." Meine Mutter, die sehr aktiv im Kirchenchor war und jeden Donnerstag den Priesterrosenkranz betete, sagte: „Bub, wirf, dein Leben nicht weg. Wenn du ein Weltpriester würdest, dann hättest du wenigstens etwas Geld für dich."

Feuertaufe in der Seelsorge an der KHG

Meine seelsorgliche Feuertaufe in Salzburg hatte ich in der Katholischen Hochschulgemeinde (KHG) zu bestehen. Zwei Tage vor der Eröffnung der Salzburger Hochschulwochen 1999 kam Erzbischof Georg Eder völlig überraschend mit einem dringenden Anliegen nach St. Peter. Er kniete vor Erzabt Edmund Wagenhofer nieder und sagte: „Bitte, hilf mir, ich brauche einen Hochschulpfarrer. Ich habe lange gesucht und niemanden gefunden." Der Erzabt fragte: „Wer soll das sein?" Der Erzbischof antwortete: „Pater Michael Köck."

Pater Michael, mein Konnovize, war damals ein betont konservativer, aber sehr gebildeter Mitbruder. Er kannte die Situation nur zu gut, um zu wissen, dass die Position des Hochschulpfarrers ein Schleudersitz war, völlig abhängig vom momentanen emotionalen Zustand des Erzbischofs – und lehnte ab. So blieb nur noch ich übrig. Meine Qualifikation dafür war, dass ich zufällig in Rom studiert hatte. Das war für einen Oberhirten wie Erzbischof Eder durchaus ein Kriterium, ohne dass er mich weiter gekannt hätte. Ich kam in meinen Jahren als Hochschulpfarrer von 1999 bis 2004 sehr gut mit ihm zurecht. Georg Eder war in seinen letzten Jahren als Bischof immer für Überraschungen gut. Das waren auch die Jahre, in denen sein sehr ambitionierter Weihbischof Andreas Laun einen großen Einfluss in der Erzdiözese hatte. Er war in Salzburg die Speerspitze der „konservativen Wende", die damals die gesamte katholische Kirche in Österreich vor schier unlösbare Konflikte stellte.

Franz Padinger, der Peter Hofer als Hochschulpfarrer nachgefolgt war, führte mich in das sehr basisdemokratische Leben der Katholischen Hochschulgemeinde (KHG) und der Katholischen Hochschuljugend (KHJ) ein. Der Grazer Hochschulseelsorger

Heinrich Schnuderl, der österreichweit einen sehr guten Ruf hatte und als sehr aufgeschlossen galt, gab ein Gutachten zur neuen Heimordnung der KHG Salzburg ab. Er meinte lapidar: „Ich würde mir diese demokratischen Spielchen nicht antun." Erzbischof Eder lehnte zwei Dinge ab: den Arbeitskreis Kirche und Sozialismus (AKS) sowie den Arbeitskreis Homosexuelle und Glaube (HUG). Da wusste ich: Da kann ich nicht die Form eines großen öffentlichen Arbeitskreises wählen, sondern die Treffen müssen sehr diskret im Büro des Hochschulpfarrers stattfinden. Franz Padinger baute mir eine seelsorgliche Brücke, indem er sagte: „Es sind einfach nur Menschen, die gläubige Christen sein wollen, aber mit ihrer geschlechtlichen Orientierung dem derzeitigen katholischen Moralkodex widersprechen." Nur ein Mitglied des Arbeitskreises HUG war aus der Erzdiözese Salzburg, alle anderen kamen aus Bayern und Oberösterreich.

Die Jahre an der KHG waren für mich die schönsten, glücklichsten und freiesten. Ich bin sehr dankbar, dass ich so vieles lernen durfte, was in der strengen Ordnung eines Klosters sonst so nicht möglich gewesen wäre: echte Konfliktkultur und konstruktive Zusammenarbeit. Dafür bin ich vor allem meinen damaligen Mitarbeiterinnen und Mitarbeitern und allen Studierenden von Herzen dankbar. Einige Kontakte aus dieser Zeit sind bis heute tragfähig.

Georg Eder hatte durchaus einen seelsorglichen Eros, er war ein aufrichtiger und integrer Mensch. In einem der letzten Treffen fiel ihm der Arbeitskreis HUG auf und er fragte, was das denn sei. Ich sagte: „Das ist der Arbeitskreis Homosexuelle und Glaube. Aber da ist niemand aus deiner Diözese dabei. Es sind gläubige und wirklich suchende Menschen. Hier geht es weder um eine gleichgeschlechtliche Partnerbörse noch darum, politische Positionen durchzusetzen." Darauf meinte der Erzbischof:

„Da hast du Recht, es gehört zur Seelsorge, dass ihr euch in der KHG um diese Menschen kümmert." Am Ende gab er mir dann doch noch den Rat, einmal Weihbischof Laun einzuladen, der moraltheologisch ein Experte in solchen Fragen sei. Ich erwiderte, dass das wohl nicht hilfreich wäre und nur zu einer Konfrontation ohne gegenseitiges Verständnis führen würde. Auch da sagte der Erzbischof: „Ja, das kann man so sehen."

Zufluchtsorte und Zufluchtsmenschen

Seit der Zeit als Hochschulpfarrer betreibe ich übrigens auch Sport in einem Fitnessstudio. Das lässt sich zeitlich am ehesten einrichten und es war meinem Freundeskreis ein Anliegen, mich dorthin zu bringen. Für mich ist es praktisch, dass ich dort auch am Abend trainieren kann. Auf dem Stepper hat man einen ähnlichen Bewegungsablauf wie bei einer Skitour. In jüngeren Jahren habe ich damit eine gute Kondition erworben. Ich war früher viel auf den Bergen unterwegs, aber ich habe mir dabei vermutlich die Knie ruiniert. Daher trainiere ich im Studio auf dem Stepper maximal eineinhalb Stunden. Danach kann ich noch ein wenig schwimmen. Rad fahre ich noch ein wenig, früher habe ich viele Spaziergänge gemacht. Seit ich Abt bin, komme ich freilich viel zu wenig zum Sporteln.

Ein geistiger Zufluchtsort ist für mich der Freundeskreis, den wir „internationaler Pastoralkontakt" nennen. Dem gehören der Salzburger Domkapitular Egon Katinsky, mein letzter Direktor im Studienseminar Traunstein, Werner Eichinger, sowie Sr. Therese Auer und Sr. Barbara Grundschober an. Wir treffen uns zweimal im Jahr. Es ist jedes Mal ein sehr wertvoller Austausch, auch wenn es mit dem Alter etwas komplizierter geworden ist und ich auch sehr viel beschäftigt bin. Meist machen wir in der Fünfergruppe eine kleine Wanderung.

Als Abt führe ich viele Außenbeziehungen offizieller Natur. Daher sind ein paar sehr gute persönliche Freunde sehr wichtig. Die kann ich an einer Hand abzählen. Mit denen fahre ich auch gemeinsam in Urlaub. Sie haben den Mut und die Größe, mir Dinge zu sagen, die mir sonst niemand sagt. Da spüre ich mich selbst. Dafür bin ich sehr dankbar.

Sehr viel bedeuten mir auch die Treffen mit meinen Geschwistern. Seit 15 Jahren kommen wir ein bis zwei Mal im Jahr zusammen – nur wir vier ohne die Ehepartner oder Kinder meiner Geschwister. Zu viert passen wir in ein Auto. Als wir die Ehepartner einmal dazu einladen wollten, meinten die, nein, sie wären froh, wenn sie einmal für sich sein könnten. Ich bin sehr stolz auf meine Geschwister und ihre Lebensbilanz. Sie mussten sich vieles erarbeiten. Bei mir ergab sich dagegen vieles wie von selbst.

Einer der beiden Nachfolger des hl. Rupert

Neben dem Erzbischof ist der Erzabt von St. Peter einer der beiden Nachfolger des hl. Rupert, vermutlich sogar der mit mehr Kontinuität. Der hl. Rupert kam 696 in *Iuvavum*, der ehemaligen Garnisonsstadt der Römer, an und nannte sie als Erster „Salzburg". Er war auch der Erste, der das Evangelium nach Salzburg brachte und eine Struktur aufbaute, die es heute noch gibt. Die Stiftskirche St. Peter wurde in ihren Ursprüngen – zwei Drittel des Langhauses stehen noch! – zu Lebzeiten des hl. Rupert errichtet und war bis ins Jahr 774 die erste Kathedrale von Salzburg.

Viele Salzburgerinnen und Salzburger sehen im Erzabt den zweitwichtigsten Repräsentanten der katholischen Kirche in

Salzburg. Eine kleine äußere Auffälligkeit, die Bischof und Abt unterscheidet, ist die Farbe des *Pileolus* (lat. Käppchen). Äbte tragen einen *Pileolus* in der Farbe ihrer Ordenskleidung, also im Fall der Benediktiner schwarz. Der *Pileolus* eines Bischofs ist violett, ausgenommen jener des Erzbischofs von Salzburg, der als *Primas Germaniae* ein Purpurkäppchen wie ein Kardinal trägt. Erzbistum und Erzabtei, Erzbischof und Erzabt stehen in einer gesunden Unterschiedenheit gut zueinander. Als Mönche verhalten wir uns dem Bischof gegenüber kooperativ und loyal. Wir haben aber auch eine gewisse Eigenständigkeit und sind nicht abhängig voneinander. Es ist eine fruchtbare Beziehung auf Augenhöhe.

Eine meiner wichtigsten Aufgaben in der diözesanen Seelsorge sind Firmungen. Da übernimmt der Erzabt faktisch die Rolle eines Weihbischofs. Das ist eine sehr schöne Aufgabe, jungen Menschen das Sakrament des Heiligen Geist bzw. des Erwachsenwerdens zu spenden. Als ich 2013 zum Abt benediziert wurde, war Erzbischof Alois Kothgasser schon 75 Jahre alt und wartete auf die Annahme seines Rücktrittsgesuches durch Papst Franziskus, der erst seit kurzem im Amt war. Er hatte keine Termine für Visitationen und Firmungen mehr angenommen. So nahm ich 2013, in meinem ersten Jahr als Firmspender, bereits 25 Firmtermine wahr. Heute sind es ca. 15 Termine pro Jahr. Die Intensität der Vorbereitung ist aber gestiegen, u. a. durch persönliche Begegnungen mit den Firmlingen, deren Eltern und den Patinnen und Paten.

Die „andere" Art der Nachfolge des hl. Rupert – das Standing des Erzabtes von St. Peter in der Salzburger Öffentlichkeit – hängt auch stark mit zwei Faktoren zusammen, die mit einem so alten Kloster verbunden sind: Kultur und Wirtschaft. St. Peter erfährt einen gewissen Respekt als Kulturträger, aber auch als Wirtschaftsbetrieb, der über die Jahrhunderte für eine stabile Lebensgrundlage der Ordensgemeinschaft gesorgt hat und immer noch dafür sorgt. Bei der größten Salzburger Kulturinstitution, den Salzburger Festspielen, wurde ich in den Vorstand der Freunde der Salzburger Festspiele gewählt.

Mir scheint, in der Salzburger Öffentlichkeit wird die Erzabtei St. Peter gleichzeitig als etwas Exotisches, außerhalb dieser Welt Stehendes gesehen und als etwas Bodenständiges, das über die Jahrhunderte erstaunlich beständig ist.

DAS KLOSTER IST MIR PASSIERT

Georg, Joseph und Maria Ratzinger

Meine Heimatpfarrei Anger war als angeblich schlimmste Pfarrei in der ganzen Erzdiözese München und Freising in Verruf. Das ging auf Pfarrer Georg Sollacher zurück, der mich am 16. Februar 1967 in Anger getauft hat. Er war – so wurde mir erzählt – ein Künstlertyp und hatte als junger Priester einmal gewagt, ein kritisches Wort gegen Michael Kardinal von Faulhaber zu sagen. Das war eine Majestätsbeleidigung. Daher konnte er keine Karriere mehr machen und blieb in Anger bis ans Lebensende. Er war aber ein sehr guter Kirchenmusiker und hat einen erstaunlichen Kirchenchor aufgestellt und geleitet.

Sein Nachfolger, Pfarrer Max Kolbeck, war zuvor 14 Jahre Direktor im Studienseminar St. Michael in Traunstein gewesen. Da fällt man normalerweise in der Karriereleiter der Diözese nach oben. Er aber wollte partout die Pfarrei mit dem schlechtesten Ruf übernehmen, also Anger. So baute er vieles auf und erneuerte die Gemeinde innerlich und äußerlich im Geist des Zweiten Vatikanischen Konzils. Er renovierte auch den Pfarrhof. In dieser Zeit der Renovierungsarbeiten hat er bei uns gewohnt. Ich war damals drei Jahre alt, und ich musste zu diesem Zeitpunkt einen Georg, einen Joseph und eine Maria Ratzinger kennengelernt haben. Pfarrer Kolbeck nahm mich als Dreijährigen in das Seminar mit. Da lernte ich das erste Mal in meinem Leben Klosterschwestern kennen und erhielt einen Bienenstich, den ich heute noch liebe. Dieser Besuch in St. Michael hat sich in mir so eingeprägt, dass ich unbedingt ins Studienseminar und ans Chiemgau-Gymnasium nach Traunstein wollte. Das war ein großes Glück in meinem Leben.

Wir waren anfangs 30 Buben in der Klasse, 15 sind nach neun Jahren zum Abitur gekommen. Das Haus hatte am Anfang ca. 140 Schüler. Als wir gegangen sind, waren es noch 110. Wir haben Theater gespielt, wir haben musiziert, wir haben gelernt, öffentlich aufzutreten. Das war eine sehr wichtige Erfahrung für mein späteres Leben, für die ich sehr dankbar bin. Aus unserer Klasse gingen zwei Priester hervor. Einer, von dem ich es nie erwartet hätte. Er ist heute Priester der Erzdiözese München und Freising. Der zweite bin ich.

Mein bester Freund aus dieser Zeit, Christian Pastötter, ist Pastoralassistent und Diakon. Er ist mit Marion verheiratet und hat zwei Söhne, Korbinian und Marinus. Als er das vorgeschriebene Alter erreicht hatte, ließ er sich zum Diakon weihen. Heute schickt er unserem Kloster immer die Messintentionen, weil in seinem Pfarrverband noch viele Messen „ausbezahlt" werden. Er kommt aus Petting, zwischen Laufen und dem Waginger See. Das ist eine fruchtbare, spannende Freundschaft, weil er kirchliche Wirklichkeit aus einer ganz anderen Perspektive wahrnehmen kann als ich und weil er viel nachdenkt.

Mein Vater war ein fescher Mann

Meine Mutter war das zehnte Kind, mein Vater hatte fünf Geschwister. Sie hatten nichts und der große Traum meiner Eltern war, dass es den Kindern besser gehen soll. Wir waren vier Kinder, konnten alle vier aufs Gymnasium gehen und einen akademischen Beruf erlernen. Meine drei Geschwister besuchten das Karlsgymnasium in Reichenhall, ich war in Traunstein, weil ich mir einbildete, ich müsse in dieses Internat. Das alles war in Anger die große Ausnahme.

Wenn wir Kinder über meine Eltern redeten, haben wir gerne gefragt „Wie geht es dem 30-jährigen Krieg?“ Sie hatten eine Sprachkultur, die nicht für Außenstehende bestimmt war, nicht einmal für die eigenen Kinder. Es hörte sich so an, als würden sie pausenlos streiten. In Wirklichkeit haben sie sich geliebt. Die Mutter war der stärkere Teil in dieser Beziehung. Als junges Mädchen musste sie während des Zweiten Weltkriegs Holz streifen, also das geschlagene Holz alleine vom Berg mit einem Pferdegespann herunterbringen.

Mein Vater war Jahrgang 1923, meine Mutter 1928. Mein Vater erlebte das NS-Regime in vollem Ausmaß. Er kam erst 1947 vom Krieg heim, zu Fuß vom Kaukasus zurück. Kurz vor seinem Heimatdorf Anger griffen ihn noch marokkanische Soldaten auf, die für die Franzosen kämpften. Obwohl der Krieg bereits zu Ende war, musste er noch für drei Jahre in ein Bergwerk in der Monser Heide in Belgien. Meine Mutter hat diesen gebrochenen Mann nach dem Krieg genommen und 1954 geheiratet. Mein Vater muss ganz Schreckliches erlebt haben. Ich bin Historiker und habe meinen Vater immer gefragt: „Papa, hast du im Krieg jemanden erschießen müssen?“ Dann bekam er nur Tränen in die Augen und konnte nicht darüber reden. Ich weiß nur, dass die Veteranentreffen, bei denen groß von Kameradschaft schwadroniert wurde, meinen Vater ziemlich aufgeregt haben. Er sagte immer: „Die, die so daherreden, genau die waren nicht an der Front.“ Mein Vater hat klar gesehen, dass seine ganze Generation missbraucht worden war und der Krieg ihn zehn Jahre seines Lebens gekostet hatte.

Mein Vater war übrigens ein sehr fescher Mann. Meine Mutter war manchmal etwas eifersüchtig, weil er Turnierreiter war. Bei diesen Turnieren ging ein Teil seiner Träume in Erfüllung. In der eleganten Reiteruniform mit rotem Jackett und schwarzem Zylinder machte er etwas her. Meine Mutter gab mir diese Reiteruniform einmal als Faschingskostüm. Ich machte eine tolle Figur, aber mein Vater war stockbeleidigt. Mit 65 Jahren erlitt mein Vater einen Schlaganfall mit gravierenden Folgen. Man hat uns oft gesagt, das Leben meines Vaters werde einmal ganz unspektakulär zu Ende gehen. Und so war es dann auch. Für meinen halbseitig gelähmten Vater war es damals das Tagesziel, rund ums Haus zu gehen. Das Schlafzimmer war im ersten Stock, aber er konnte gerade noch in den Garten hinuntergehen. Es war die Zeit, als ich in Rom studierte. Ich hätte meiner Mutter gerne einmal Rom gezeigt. Aber sie sagte: „Nein, das geht nicht, ich muss für deinen Vater sorgen." Meine Geschwister besuchten mich alle in Rom. Nach ihrer Romreise sagten sie der Mutter: „Um deinen ‚Hauptsohn' brauchst du dir keine Sorgen machen, dem geht's besser als uns allen." Sie waren vielleicht ein wenig eifersüchtig, weil meine Eltern mit mir, dem Jüngsten, nicht mehr so streng gewesen waren.

Am 31. Oktober 1993 schauten sich meine Eltern einen alten Heimatfilm an. Meine Mutter öffnete das Schlafzimmerfenster zum Lüften, obwohl es draußen schon sehr frisch war. Das letzte Wort meines Vaters zu ihr war: „Da ist es ja kalt wie in einem Eiskeller, möchtest du mich umbringen?!" Meine Mutter erwiderte: „Tu nicht so wehleidig. Sei froh, wenn du in der frischen Luft dann gut schlafen kannst. Gib jetzt deine Zähne her." Sie legte das Gebiss in eine Reinigungstasse, wusch den Vater und ging dann selbst ins Badezimmer. Als sie ins Schlafzimmer zurückkam, war der Vater – fünf Jahre nach seinem Schlaganfall – mit einem Lächeln auf dem Gesicht in einer anderen Welt.

Der Ernstfall des Glaubens

Vater und Mutter hatten noch die Einladung zu meiner Diakonenweihe am 5. Dezember 1993 bekommen, erlebten sie aber nicht mehr. Die Mutter erlitt keine drei Wochen nach dem Tod des Vaters einen Herzinfarkt. Sie kam auf die Intensivstation in Bad Reichenhall. Sie sagte: „Herr Doktor, ich muss bei der Diakonenweihe meines Sohnes dabei sein." Der Arzt sagte: „Jetzt geben Sie einmal Ruhe, dann werden wir sehen, ob sich die Werte stabilisieren." Es kam dann die ganze Entourage mit dem Chefarzt zur Visite: „Frau Birnbacher, wir haben gute Nachrichten, Ihre Werte haben sich stabilisiert. Sie kommen umgehend auf die normale Pflegestation, dort bleiben Sie noch drei Tage, dann dürfen Sie nach Hause und es geht sich alles gut aus." Der Arzt sprach's und meine Mutter sagte: „Das ist eine große Freude." In diesem Moment erlitt sie einen zweiten Herzinfarkt. Alle Maschinen, alle Ärzte waren da. Es war aber einfach so bestimmt, dass sie in diesem Augenblick sterben sollte. In Anger machten sich zu dieser Zeit bereits alle Vereine für meine Diakonenweihe bereit. Als der Vater starb, kamen die Leute und sagten: „Wir wissen, dass es für ihn eine Erlösung ist, aber die Freude der Weihe seines Sohnes hätten wir ihm wirklich noch gegönnt." Als kurz darauf auch noch die Mutter starb, waren die Leute sprachlos. Da mussten wir selbst ins Dorf gehen und die anderen trösten.

Für mich war das der Ernstfall des Glaubens. Ich fand es schön, dass meine Eltern miteinander gehen konnten. Bei aller Tragödie und bei allem Schmerz über den Verlust der Eltern fühlte es sich für mich so an, als hätte es seine Stimmigkeit. Ihre Mission war erfüllt, die Kinder waren erwachsen und selbständig. Es ist zwar niemand von uns Bankangestellter geworden, so wie es meine Mutter gerne gehabt hätte. Mindestens ich, so hat sie immer gemeint, sollte eine Banklehre machen, damit wenigstens einer von uns gut mit Geld umgehen könne. Mein Bruder war Jurist in einer großen Münchener Bank und hat dort weit größere Vermögenswerte verwaltet und juristisch betreut. Aber das hat für unsere Mutter nicht gegolten. Der Raiffeisendirektor von Anger wäre ihr Traumziel für einen ihrer Söhne gewesen.

Am 29. Juni 1994 wurde ich im Salzburger Dom von Erzbischof Georg Eder zum Priester geweiht. Am 3. Juli, dem Tag meiner Primiz in Anger, war schönstes Wetter und ich durfte unter freiem Himmel auf dem wunderschönen Dorfplatz mein erstes heiliges Messopfer feiern. Alle Vereine waren auf den Beinen. In Anger gab es drei Wirtshäuser, in jedem fand ein Teil der Feier statt. Bei dem einen war ich bei der Suppe, bei dem anderen zum Hauptgang und bei dem dritten zu Kaffee und Kuchen. Als ich am Nachmittag um 15.30 Uhr auf dem Weg zur Vesper war, begegnete ich einem Mann, den ich nicht kannte. Er hatte bereits einen richtigen Festtagsrausch. Er stürzte auf mich zu, nannte keinen Namen und sagte nur, wie sehr er sich freue, dass ich den Weg ins Kloster gefunden habe, und ob ich überhaupt wisse, was für einen tollen Vater ich gehabt habe. Es stellte sich heraus, dass der Mann ein alter Kriegskamerad meines Vaters gewesen war, von dem niemand etwas wusste. Er hatte in irgendeiner Weise meinem Vater das Leben zu verdanken. So erfuhr ich, dass mein Vater im Krieg auf der richtigen Seite gestanden hatte. Auch dieser Mann ist kurz darauf gestorben.

Diese zeichenhaften Begegnungen zeigten mir, dass die Richtung stimmt. Man ist sich ja nie ganz sicher, wenn man einen solchen Weg geht, ob es auch der richtige ist. Und es gab seit meiner Weihe kein Jahr, in dem ich nicht irgendwann am liebsten den Hut draufgehauen hätte … Aber ich lernte von meinen

Eltern, dass das Auseinandergehen, das Fliehen auch nicht die Lösung wäre. Ich bin in den großen Konflikten letztlich immer beschenkt worden, indem sich ein Stück weit Einsicht einstellte und es bei einem Mitbruder oder in einer sehr verfahrenen Situation doch wieder vorwärts ging.

HÖREN, GEHORCHEN UND ANKOMMEN

Im Klosterleben in St. Peter steht – wie in allen Benediktinerklöstern – die Regel des hl. Benedikt im Zentrum. Zum benediktinischen Leben gehören Demut, Schweigsamkeit, das rechte Maß, die Möglichkeit zur Kritik, die Subsidiarität, das Einander-Helfen und die Gemeinschaft. Alle Mitbrüder müssen auf kleinem Raum und über eine lange Zeit miteinander auskommen. Als gewählter Abt habe ich besondere Aufgaben, die ich mit Hilfe dieser seit Jahrhunderten bewährten Regel wahrnehmen darf.

Vom Schweigen, der Heiterkeit und dem roten Faden

Mag es sich also um noch so gute, heilige und aufbauende Gespräche handeln, vollkommenen Jüngern werde nur selten das Reden erlaubt wegen der Bedeutung der Schweigsamkeit.

Regula Benedicti 6,3

Ein Kloster wird mit Schweigen verbunden. Wie wird Schweigen in dieser lauten Welt gelebt? Schweigsam sein heißt heute nicht einfach nur, nichts zu sagen, sondern verantwortungsvoll zu kommunizieren. Auf den Gängen des Klosters wird leise gesprochen und nicht zu viel. Hohle Worte und solche, die zu hemmungslos ordinärem Lachen reizen könnten, sollen vermieden werden – auch Worte, die verletzen könnten. Natürlich gibt es vergnügten Witz und hintergründiges Lächeln.

Benedikt und seine Regel scheinen auf den ersten Blick wenig für Humor übrig zu haben. Aber das gilt nur insofern, als bei Benedikt alles seine Ordnung hat, seinen Platz. Daher gibt es auch für den Humor einen eigenen Raum und eine eigene Zeit. Das ist die Rekreation. Heiterkeit, Gelassenheit, Beschwingtheit – das kann ich alles aus der Benediktsregel herauslesen. „Wer aber im klösterlichen Leben und im Glauben fortschreitet, dem wird das Herz weit ...", heißt es in Prolog 49. Das macht eine Gemeinschaft auch lebendig. Es gibt nichts Schlimmeres, als wenn alles ein starres Gefüge ist. Humor heißt allerdings nicht, sich selbst groß darzustellen auf Kosten anderer: „Don't make jokes on my account!"

Es gibt also die Tagesordnung, den *Ordo* und die *Consuetudines* (die guten Gewohnheiten), aber diese sind noch nicht das ganze gesellschaftliche Gefüge einer Kommunität. Wenn ich die Ordnung verabsolutiere, werde ich unmenschlich, dann nehme ich nicht mehr auf die Schwachen Rücksicht. Aber genau gegenüber den Schwachen ist Benedikt besonders großzügig, auch gegenüber den Kranken und Alten. Und er ist großzügig mit den Jungen. Diesen Gedanken, dass Gott vielleicht gerade die Jungen mit ihrer kritischen Anfrage geschickt hat, um der Klostergemeinschaft eine wichtige und weiterführende Wahrheit zu zeigen, gibt es im 6. Jahrhundert nur bei Benedikt. Oder dass er Pilger schickt, Menschen von außen, die der Gemeinschaft zeigen: Ihr seid vielleicht auf dem Holzweg.

Es braucht im Kloster einen roten Faden, eine Roadmap. Aber es bleibt immer Platz für Diskussion, die getragen sein muss von Wertschätzung, Ehrfurcht und Respekt füreinander – nicht von der überheblichen Besserwisserei. Es darf nichts verabsolutiert werden. Einseitigkeiten zerstören das Miteinander. Eine Gemeinschaft kann immer nur ein Kompromiss sein, wir kommen nur in Kooperation weiter.

Ich als Abt kann nicht einfach nur regieren oder verordnen, sondern ich muss motivieren. Ich muss erklären, warum wir etwas machen oder etwas nicht machen. Das ist auch die eigentliche Herausforderung des kirchlichen Leitungs- und Lehramtes. Dieses wurde zuletzt in der Kirche völlig vereinseitigt, als ginge es nur um dogmatische Fragen, Kirchengesetze und Recht. Aber man darf den Menschen diese Wahrheit nicht wie einen nassen Fetzen um den Kopf schlagen. Man muss sie den Menschen wie einen wärmenden Mantel umlegen.

Vom Zuhören, Rat suchen und Gehorchen

Sooft etwas Wichtiges im Kloster zu behandeln ist, soll der Abt die ganze Gemeinschaft zusammenrufen und selbst darlegen, worum es geht. Er soll den Rat der Brüder anhören und dann mit sich selbst zu Rate gehen. Was er für zuträglicher hält, das tue er.
Dass aber alle zur Beratung zu rufen seien, haben wir deshalb gesagt, weil der Herr oft einem Jüngeren offenbart, was das Bessere ist. Die Brüder sollen jedoch in aller Demut und Unterordnung ihren Rat geben. Sie sollen nicht anmaßend und hartnäckig ihre eigenen Ansichten verteidigen. Vielmehr liegt die Entscheidung im Ermessen des Abtes: Was er für heilsamer hält, darin sollen ihm alle gehorchen.

Regula Benedicti 3,1–5

Die Autorität des Abtes steht klar unter der Prämisse, die Benedikt selbst seiner Regel voranstellt: Wir hoffen, „nichts Hartes und nichts Schweres festzulegen“ (RB Prol 46). Er warnt den Abt vor Willkür, Machtmissbrauch und Tyrannis (RB 63,2 und 27,6). Die Gehorsamsbereitschaft darf nicht überfordert oder ausgenützt werden. Der Obere selbst steht unter der Regel, nicht über ihr. Und er soll alles so regeln und ordnen, „dass es den Brüdern zum Heil dient und sie ohne einen berechtigten Grund zum Murren ihre Arbeit tun können“ (RB 41,5). Daher ist es für mich heute auch nicht mehr nachvollziehbar, wenn es in RB 4,61 heißt, den Weisungen des Abtes sei auch dann Gehorsam zu leisten, „wenn er selbst, was ferne sei, anders handelt“. Zu unserem Verständnis von Autorität gehört unerlässlich die Integrität dessen, der sie kraft seines Amtes beansprucht.

Einzigartig ist der Hinweis, dass es „einen berechtigten Grund zum Murren“ (RB 41,5) geben könne. Daher sollen in maßgeblichen Dingen alle gehört werden. Der wichtigste Ort für dieses Hören und Zuhören ist das Kapitel, die Versammlung aller Mönche. Dieses Kapitel tritt bei uns in St. Peter nur fünf bis sechs Mal im Jahr mit einer sorgsam ausgearbeiteten Tagesordnung zusammen. Es gibt aber auch geistliche Kapitel mit spirituellen Vorträgen und Impulsen. Und in jeder täglichen Messe gibt ein Mitbruder in der *Statio*, in der Einleitung, einen geistlichen Impuls.

Im großen Kapitel ist an erster Stelle der Abt gefordert, zu dem zu stehen, was er möchte. Er muss auf den Punkt bringen, „worum es geht“. Dann soll er den Rat der Brüder anhören. Es geht dabei um das „Höre“, dieses erste, entscheidende Wort der ganzen Regel. Es ist ein aktives Hinhören und Zuhören. Der Abt muss nicht allem zustimmen, aber er muss sich in die Meinungen der Mönche hineindenken. Ohne Ansehen der Person, ohne Rücksicht auf Rang und Namen oder auf das Lebensalter,

„weil der Herr oft einem Jüngeren offenbart, was das Bessere ist" (RB 3,3).

Aber nicht nur der Abt, auch jeder einzelne Mönch ist bei den Beratungen im Kapitel in die Pflicht genommen. „Der Mönch spricht, wenn er redet, ruhig und ohne Gelächter, demütig und mit Würde wenige und vernünftige Worte und macht kein Geschrei, da geschrieben steht: ‚Den Weisen erkennt man an den wenigen Worten'" (RB 7,60–61). Alle sind zu einem konstruktiven Gesprächsverhalten aufgefordert. Sie sollen miteinander im gegenseitigen Gehorsam wetteifern (vgl. RB 72,6) und jeder soll seine Meinung „vernünftig und mit Demut" vorbringen (RB 31,7).

Gehorsam ist für Benedikt kein Gegenentwurf zu Selbstbestimmung und Eigenverantwortung. Eigenes Denken, Mündigkeit, der eigene Wille, die eigene Persönlichkeit werden nicht mit dem Eintritt an der Klosterpforte abgelegt. Hören heißt bei Benedikt, ein scharfes Ohr zu haben, zuzuhören mit der Bereitschaft, sich auf den anderen einzulassen. Das Ziel ist das mündige Miteinander einer Gemeinschaft, in der sich jeder auf die Solidarität des anderen verlassen kann. Durchaus auf der Basis der eigenen Einsicht und Entschlusskraft.

Die Benediktinerin Sr. Michaela Puzicha OSB hat in ihren wegweisenden Aufsätzen und Vorträgen auf den Punkt gebracht, was Gehorsam im Sinne Benedikts heute für Mönche und Nonnen bedeuten kann (nach RB 72,4–11):

Gehorsam bedeutet: Sie sollen einander in gegenseitiger Achtung zuvorkommen.

Gehorsam bedeutet: Sie sollen ihre körperlichen und charakterlichen Schwächen mit unerschöpflicher Geduld ertragen.

Gehorsam bedeutet: Sie sollen gegenseitig aufeinander hören.

Gehorsam bedeutet: Sie sollen mehr auf das Wohl des anderen als auf das eigene bedacht sein.

Gehorsam bedeutet: Sie sollen in ihren Beziehungen absichtslos und selbstlos, d. h. ohne Hintergedanken oder Gewinnmaximierung, sein.

Gehorsam bedeutet: Sie sollen in Liebe Gott fürchten.

Gehorsam bedeutet: Sie sollen ihrem Abt in aufrichtiger und demütiger Liebe zugetan sein.

Gehorsam bedeutet: Sie sollen Christus überhaupt nichts vorziehen.

Im Tiefsten bedeutet demnach Gehorsam: Nicht den eigenen Vorteil suchen, sondern sich verabschieden vom Eigennutz und dem engen Blickwinkel der eigenen Bequemlichkeit, die sich ausschließlich an privaten Interessen orientiert. Demnach torpediert der Gehorsam nicht die Fähigkeit des Menschen zur Selbständigkeit und Verantwortung, sondern ist die Gegenbewegung zu Selbstherrlichkeit und Rücksichtslosigkeit.

Von Gästen, Festen und der Gemeinschaftspflege

Alle Fremden, die kommen, sollen aufgenommen werden wie Christus; denn er wird sagen: „Ich war fremd, und ihr habt mich aufgenommen." Allen erweise man die angemessene Ehre, besonders den Brüdern im Glauben und den Pilgern. Sobald ein Gast gemeldet wird, sollen ihm daher der Obere und die Brüder voll dienstbereiter Liebe entgegeneilen.

Regula Benedicti 53,1–3

Die Regel des heiligen Benedikt gibt klare Anweisungen, wie man liturgische und alltägliche Festkultur zusammenbringt und welche hohe Bedeutung dabei der Gast hat. Die Regel sieht das monastische Leben als ein Fest „vor dem Angesicht Gottes und seiner Engel“ (RB 19,6). Für Benedikt sollen bei aller Organisation, die das Fest auch braucht, vor allem „Herz und Stimme in Einklang“ (RB 19,7) sein. Jede Gemeinschaft, die auf Stabilität und Ortsansässigkeit basiert, braucht wesensmäßig eine Festschreibung der *Consuetudines*, der guten Bräuche. Sie stellen eine gewisse Verbindlichkeit und Verlässlichkeit in der Gemeinschaft sicher. Pater Kassius Hallinger, Benediktiner aus Münsterschwarzach und Professor in Sant'Anselmo, der internationalen Hochschule des Benediktinerordens in Rom, hat dazu zwei fundamentale Werke herausgegeben: „Gorze-Kluny“ und „Corpus Consuetudinum Monasticarum“.

In jüngerer Zeit haben wir in St. Peter wieder mehr Wert auf ganz profane Feste gelegt, z. B. gemeinsames Grillen. Dazu laden wir die Mönche und Nonnen anderer Klöster ein, die uns nahestehen, z. B. den Konvent von Kremsmünster, von St. Florian oder von Rein in der Steiermark. Viele Mitbrüder aus diesen Klöstern haben in Salzburg Theologie studiert und ihre Studienjahre hier im Kolleg St. Benedikt verbracht. Da kommen alte Erinnerungen auf. Wir laden aber auch die Mitschwestern vom Nonnberg oder von der Herrnau ein.

Geburtstage der Mitbrüder feiern wir im Kloster normalerweise nicht, sondern die Namenstage. Allerdings werden runde Geburtstage ab dem 50er gefeiert. Ab dem 75. Geburtstag wird dann jeder Geburtstag in dem Bewusstsein gefeiert, es könnte der letzte sein.

In meinem Fall haben wir den 50. Geburtstag am 20. Jänner 2017 mit einem größeren Fest begangen. Das war angesichts der vielen Präsenz des Erzabtes von St. Peter in der Öffentlichkeit nicht zu vermeiden. Es gab eine Vesper und anschließend sind wir in den Stiftskeller gegangen. Ein mir besonders lieber

Gast war der Präsident der israelitischen Kultusgemeinde, Marko Feingold (* 28. Mai 1913, † 19. September 2019), der damals schon fast 104 Jahre alt war. Mit ihm hat mich eine herzliche Freundschaft verbunden.

Zu den runden Geburtstagen gibt es für jeden Mitbruder auch ein Geschenk, das er sich wünscht oder das die Gemeinschaft für ihn aussucht. Das kann eine Reise sein oder ein Fahrrad. Unser Senior Pater Rupert zum Beispiel war immer ein eifriger Radfahrer, und zu seinem 80. Geburtstag haben wir ihm ein E-Bike geschenkt. Mit dem fährt er Tausende Kilometer. Er lebt im Ruhestand in der Pfarre Abtenau und ist eifriger Aushilfspriester bei Sonntagsgottesdiensten.

Einen besonderen Stellenwert hat selbstverständlich das Benediktusfest. Seit der Liturgiereform des Zweiten Vatikanischen Konzils gibt es zwei davon. Der historische Festtag ist der 21. März, der Todestag des hl. Benedikt. Dieser fällt immer in die Fastenzeit und war daher immer ein willkommener Anlass, mitten in der Fastenzeit ein Fest zu feiern. Die Liturgiereform hat dann bestimmt, dass die geprägten Zeiten wie die Fastenzeit von Festen frei werden sollen. Daher wurde ein zweites Benediktusfest geschaffen, und zwar am 11. Juli, dem Tag der *Translatio*, der Übertragung der Reliquien von Montecassino nach Fleury. Dieser Gedenktag wurde 1970 mit der Erhebung des Festes des heiligen Benedikt in den liturgischen Kalender der Gesamtkirche festgelegt. Heute gehen Historiker freilich davon aus, dass die Gebeine Benedikts immer in Montecassino geblieben sind. Dort wurde nach der Zerstörung im Zweiten Weltkrieg in den Trümmern eine Alabasterurne aus dem 16. Jahrhundert mit seinen Gebeinen gefunden.

Wir feiern jedes Jahr das traditionelle Benediktusfest am 21. März mit einem festlichen Gottesdienst und laden anschließend Gottesdienstbesucher zu einer Agape in unseren Romanischen Saal ein. Das Translationsfest am 11. Juli steht mehr unter dem Aspekt von Benedikt als Patron Europas. Da halte ich meist eine grundsätzliche Predigt über die Bedeutung, die dem hl. Benedikt weit über den Benediktinerorden hinaus zukommt.

Am 21. März feiern wir auch den Namenstag jenes Mitbruders, der gerade den Ordensnamen Benedikt trägt. Am Namenstag bekommt jeder Mitbruder als Zeichen der Wertschätzung einen Blumenstrauß oder eine Orchidee. Am Vorabend des Namenstages gibt es ein Gläschen Wein. Diesen Wein gibt es sonst nur noch an Hochfesten und wenn ein Abt oder Bischof auf Besuch kommt. Am Namenstag darf sich der Mitbruder das Essen aussuchen, die Mitbrüder, die in der Pfarrseelsorge tätig sind, kommen ins Kloster und gratulieren mit einem persönlichen Wunsch. Es gibt Kaffee und Torte und einen Digestif. Unter Erzabt Franz Bachler hatte es auch noch eine Zigarre für jeden gegeben.

Am Heiligen Abend feiern wir zunächst die Vesper. Dann geht der Prior, die „Mutter des Klosters", mit dem jüngsten Mönch durch das ganze Haus und räuchert. Der jüngste Mönch liest dann im Refektorium, dem Speisesaal der Mönche, das Weihnachtsevangelium, dann kommt die Ansprache des Abtes: Dank, Anerkennung, Ermutigung, Gedanken zur Zeit. Am Schluss knien alle nieder und der Abt gibt den Segen. Die Bescherung ist relativ früh, weil einige Mitbrüder bei der Mitternachtsmesse auf Aushilfe in einer Pfarrgemeinde sind. Zur Bescherung gibt es ein Candle-Light-Dinner mit Christbaum – ohne jedes elektrische Licht! Der Koch oder die Köchin bereiten ein gutes Essen vor, das dann nur mehr aufbereitet werden muss, sodass sie nicht mehr gebunden sind und den Heiligen Abend im Kreise ihrer Familie verbringen können. Eine unserer Mitarbeiterinnen hat die größte Freude, wenn sie zu Weihnachten einen Serranoschinken auftischen kann. Als Weihnachtsgeschenk gibt es für jeden Mitbruder das Gleiche, meist etwas Praktisches wie handgestrickte Socken. Mit dem Einkauf dieses Geschenks verbinden wir oft einen sozialen Zweck.

Die Osternacht feiern wir seit einigen Jahren am Ostersonntag in der Früh. Nach der Osternacht laden wir alle Mitfeiernden zu einem gemeinsamen Frühstück in den Romanischen Saal ein – inklusive Ostereierpecken! Dann folgt das Pontifikalamt zum Ostersonntag. Dazu kommen unglaublich viele Menschen nach St. Peter. Überhaupt kann ich über mangelnden Gottesdienstbesuch auch an gewöhnlichen Sonntagen nicht klagen.

Aber zu Ostern gehört natürlich das ganze Triduum vom Abend des Gründonnerstags bis zum Ostermorgen. Das ist – salopp gesprochen – *Extrem Churching*. Man ist tagelang mit einer liturgischen Feier oder ihrer Vor- und Nachbereitung befasst. Es beginnt mit der Fußwaschung am Gründonnerstag, nach der die „Apostel" – das sind bei uns in St. Peter Frauen und Männer, denen als Zeichen der Hingabe und Demut die Füße gewaschen werden – zu einem Festessen eingeladen werden. Es ist der einzige Abend, an dem es in der Karwoche ein besonderes Essen gibt. Dabei machen Abt, Prior und Subprior den Tischdienst. Am Karfreitag wird die Passion gesungen. Zur einmaligen Sättigung an diesem strengen Fasttag gibt es Grießbrei oder Ähnliches.

Von der Armut und von Seelgeräten

Man halte sich an das Wort der Schrift:
„Jedem wurde so viel zugeteilt, wie er nötig hatte."

Regula Benedicti 34,1

Eine große Frage ist, was es heute für einen Mönch und überhaupt für ein Kloster heißt, arm zu leben. Wer lebt denn von uns arm? Sind wir nicht alle privilegiert? Ja, wir Mönche können sagen, der Einzelne ist persönlich arm. Aber die Gemeinschaft hat selbstverständlich alles, was notwendig ist. Uns fehlt es an nichts. Jeder Mitbruder hat 150 Euro Taschengeld im Monat. Als Abt habe ich das Problem, dass ich das kaum ausgeben kann. Ich kann vielleicht jemand anderen eine kleine Freude machen. Oder ich kann mein Taschengeld im Urlaub verwenden. Aber ganz ehrlich: Das ist doch rein materiell betrachtet alles nicht arm. Mönche von St. Peter haben alles, was sie brauchen. Wir haben ein Ordensgewand. Wir haben ein Lager mit Utensilien des täglichen Bedarfs, von der Zahnbürste angefangen bis zum Rasierwasser. Ich bekomme von Menschen außerhalb des Klosters oft sehr teure Rasierwasser geschenkt. Ein eigenes Fernsehgerät hat ein Mönch nicht, auch nicht der Abt. Das hat mich auch nie gestört. Es gibt ein gemeinsames Fernsehgerät, das früher viel benutzt wurde. Jetzt hat sich vieles davon in das Internet verlagert.

Was persönliche Vorlieben des Einzelnen betrifft, ist das Kloster kein enges Korsett. Es gibt genügend Raum dafür. Ich persönlich bin eher kunstinteressiert. Es war für mich eine sehr schöne Aufgabe, dass ich professionell als Kustos für die Kunstsammlungen von St. Peter zuständig sein durfte. Da ist es vorgekommen, dass in einem Auktionshaus zum Beispiel eine Grafik angeboten wurde, die genau in unsere Sammlung gepasst hat. Da habe ich dann schon getrachtet, dass wir ein solches Stück – auch mit Hilfe von Sponsoren – erwerben konnten. Aber das habe ich nie als persönliches Hobby betrachtet.

Das Kloster selbst bekommt keine Mittel aus dem Kirchenbeitrag. Wir müssen uns selbst erhalten. Eine Stiftung kann ein Abt nicht annehmen, ohne die Gemeinschaft zu befragen. Manche Klöster sind froh und dankbar, wenn es einmal eine Erbschaft gibt. Das ist dort und da tatsächlich für die Existenz notwendig. In St. Peter haben wir den Luxus, dass wir uns keine Existenzsorgen machen müssen. Natürlich ist es unsere Verantwortung, dass wir enkelgerecht wirtschaften. Das tun wir immer schon. Das ist im Kloster keine Neuerfindung.

Eine wesentliche finanzielle Grundlage waren für viele Klöster Stiftungen. Das Verbrüderungsbuch von St. Peter, das im Jahr 784 vom hl. Virgil angelegt wurde, ist voll von persönlichen Stiftungen an Klöster durch Herzoge u. a., die z. B. einen persönlichen Fehltritt begangen hatten. Sie stifteten Klöster als Seelgerät, als Fürsorge oder Ausrüstung für die Seele. Die Bezeichnung „Gerät" leitet sich vom mittelhochdeutschen *Geræte* für Hilfe bzw. Zu- oder Ausrüstung her. Damit ist ein der Kirche oder den Armen überlassenes Vermögen zum Heil des Schenkers gemeint. Die Verpflichtung der Beschenkten besteht in der Abhaltung von Messen für den Schenker (v. a. am Todestag des Stifters) oder in Gebeten für ihn. Von dieser Tradition her haben Klöster im Donauraum, die im 11., 12. Jahrhundert gestiftet wurden, ungleich größeren Grundbesitz als St. Peter. Unser Kloster war immer bescheiden begütert, etwa auch im Vergleich zum Frauenstift Nonnberg, allerdings ist unser Besitz im Stadtgebiet sehr wertvoll.

St. Peter war 300 Jahre in Personalunion mit dem Bischof von Salzburg. Als es allerdings 987 zur Trennung der Ämter von

(Erz-)Bischof und Abt kam, hat sich der mächtige Erzbischof selbst die Filetstücke behalten. Dem Kloster blieb, ein wenig verkürzt gesagt, fromm zu sein. Aber das reicht nicht aus. Ein Kloster braucht auch eine materielle Basis, damit man sich den Luxus des Betens leisten kann. Daher hat es viele Stiftungen von Adeligen gegeben, später im ganz kleinen Rahmen der Messstiftungen auch von Bürgersleuten. Diese haben in der Regel eine Jahrtagsmesse gestiftet.

Heute haben wir das Phänomen, dass sich Kandidaten für ein Kloster oder eine Diözese den Abt bzw. den Bischof aussuchen, für den sie tätig sein wollen. Das reicht natürlich als alleiniger Grund nicht aus. Wenn die Wahl auf St. Peter fällt, dann hat das wohl auch mit dem Faszinosum zu tun, dass St. Peter das älteste Kloster im deutschsprachigen Raum ist, das immer irgendwie besiedelt war. Daraus ergibt sich die Vermutung: Ganz so falsch kann das alles nicht gewesen sein, wenn man durch die Jahrhunderte ohne Unterbrechung immer dort gelebt hat. Es gibt Manager, die sich gern ins Kloster zurückziehen. Die wiederum nehmen uns nur als Betrieb wahr und sagen: „Aha, gut gemacht." Viele Familienunternehmen halten nicht so lange.

Das Stift St. Peter hat es immer wieder geschafft, sich anzupassen, aber gleichzeitig seine Identität als Kloster zu wahren und etwas Erkennbares zu sein bzw. für etwas Wiedererkennbares zu stehen. Ich mache mir eher Sorgen, dass viele Versuche, die man heute in der Seelsorge startet, eine reine „Eventisierung" sind. Eine selbstverständliche, gediegene, meinetwegen auch einfach gestrickte katholische Identität gibt es nicht mehr. Diejenigen, die sich noch für die Kirche interessieren, sind entweder Neubekehrte oder Menschen, die noch eine Pfarrgemeinde erlebt haben, in der Christsein ganz selbstverständlich gut gegangen ist. Klöster haben zwar keine exklusive Macht mehr wie früher. Aber man schaut gerne hin: Wie machen die anderen das? Darum geht es in der Kirche: Man möchte einfach sehen, wo Glaube gelingt und wo man das auch sehen und erleben kann.

Von der Disziplin und vom Strafen

Der Abt hasse die Fehler, er liebe die Brüder. Muss er aber zurechtweisen, handle er klug und gehe nicht zu weit; sonst könnte das Gefäß zerbrechen, wenn er den Rost allzu heftig auskratzen will.

Regula Benedicti 64, 11–12

Was aus der Regel des hl. Benedikt heute überhaupt nicht mehr angemessen ist, sind die disziplinären Maßnahmen, die Benedikt aufgeschrieben hat – bis hin zur Prügelstrafe! Aber das war eben der Standard der Pädagogik im 6. Jahrhundert. In Österreich waren solch drakonische Erziehungsmaßnahmen teilweise noch bis in die 1960er Jahre toleriert.

Ich wüsste nicht, wie ich im 21. Jahrhundert als Abt einen Mitbruder strafen könnte oder sollte. Mein Wahlspruch ist: *Communicantes semper tecum*. Das heißt wörtlich: Als Anteilhabende immer bei Dir, mit Dir zu sein – bei Gott, aber auch beim Mitbruder, ja bei jedem Mitmenschen, in dem mir Gott begegnet. In Wirklichkeit heißt es nichts Anderes als aufmerksam hinschauen, hinhören und kommunizieren. Daher versuche ich, mit allen Mönchen im Gespräch zu bleiben. Reden, verständlich machen, worum und wie es geht. Mut machen, wie es Benedikt empfiehlt, wenn ein Mitbruder sich mit der ihm gestellten Aufgabe überfordert sieht. Freilich gelingt diese Kommunikation nicht immer, weil naturgemäß manche meinen, nur sie hätten Recht und die anderen müssten sich ändern, sie selbst aber nicht. Man muss als Oberer Geduld und manchmal auch ein dickes Fell haben, wenn Dinge nicht und nicht gelingen wollen. Man sollte sich nicht selbst verlaufen. Ich versuche zu tun, was mir möglich ist, und kann mich manchmal auch damit trösten, wie es meine Vorgänger gemacht haben, und dass auch sie fallweise hilflos waren.

Aber strafen … Was sollte ich tun? Das Taschengeld kürzen oder vorenthalten? Das Taschengeld teilt bei uns der Prior aus – ich kann doch nicht ihm den Schwarzen Peter zuschieben. Ich fände es kein adäquates Mittel, weder für den Abt noch für den Prior. Oder Gesprächsverweigerung? Das wäre Machtmissbrauch. Ja, es wäre geistlicher Missbrauch, wenn ein Oberer nichts mehr sagt, wenn er das Gespräch verweigert und den anderen damit seine Macht spüren lässt. Das einzige drastische Mittel, das ich einmal anwenden musste, war der zeitweise Ausschluss aus dem Kapitel. Das ist ein sehr deutliches Zeichen, das der betroffene Mitbruder Gott sei Dank verstanden hat. Es kommt daher auch nur in Frage, wenn es um einen ernsten Vertrauensbruch geht, das heißt wenn ein Mönch das Kapitelgeheimnis verletzt hat. Im Kapitel geht es u. a. um viele Personalfragen. Da ist höchste Diskretion angesagt. Wir entscheiden und besprechen auch, wie wir die Neuen erleben: die Kandidaten, die Novizen und die zeitlichen Professen, also jene, die ihre Gelübde auf drei Jahre abgelegt haben, bevor sie sich für immer binden wollen. Wenn darüber beraten wird, ist der Betreffende selbst nicht dabei, damit ganz offen gesprochen werden kann. Es ist ganz wichtig, dass im Kapitel ein Klima des Vertrauens geschaffen wird, wo man auch die unangenehmen Themen ansprechen darf. Daher ist gerade in diesem Rahmen jeder Vertrauensbruch ein schweres Vergehen gegen die Gemeinschaft. Aber ich denke, da sind wir nicht so schlecht. Es hilft, wenn alle sehen, wir beleuchten ein Problem von vielen Seiten.

Das Kloster hat eine Rechts- und Gerechtigkeitskultur. Die Barmherzigkeit wird dann schlagend, wenn jemand sein Vergehen einbekennt und sagt, ja, ich bin schuldig geworden. Aber wenn das nur in *Camera Caritatis*, also unter vier Augen, geschieht und nicht öffentlich, dann ist das sehr enttäuschend und ärgerlich. Der hl. Benedikt ermutigt sehr dazu, offen und ehrlich zu sein. Das ist durch das Evangelium gedeckt, dass man sich nicht verstellen muss, dass man nicht besser scheinen muss als man ist – und dass man sich trotzdem der Liebe Gottes sicher sein darf. Gott verurteilt die Tat, aber nicht den Täter.

Benedikt formuliert Grundsätze, aber er hält sich nicht sklavisch an irgendwelche Prinzipien. Er erkennt den Punkt, wo das Prinzip sich selbst *ad absurdum* führt und daher nicht mehr gelten kann. Das ist genau die Kunst. Sonst könnten wir ja alles einfach und wunderbar regeln. Es muss etwas in meinem Inneren ankommen, in meiner Seele, in meinem Herzen. Wo ich dann sage, ja, da ist Barmherzigkeit angebracht.

Ich habe einmal im Urlaub in der Nähe von Assisi mit Sepia ein Bild gezeichnet: einen hl. Benedikt und einen hl. Franziskus. Ich habe dazugeschrieben: Regel und Charisma. Faszinierend ist immer, dass Benedikt ganz konkrete Anordnungen gibt, z. B. wie man die Psalmen im Laufe einer Woche betet. Und dann sagt er, das Wichtigste ist, dass alle 150 Psalmen in einer Woche gebetet werden. Wie man sie konkret verteilt, ist nicht vorrangig. Es geht nicht um die blinde Imitation, um ein Nachbeten, mit dem ich mich letztlich meiner Verantwortung entziehe. Denn genau das funktioniert nicht.

Vom Eintreten, Sich-Prüfen und Bleiben

Kommt einer neu und will das klösterliche Leben beginnen, werde ihm der Eintritt nicht leicht gewährt, sondern man richte sich nach dem Wort des Apostels: „Prüft die Geister, ob sie aus Gott sind."

Regula Benedicti 58,1–2

Mich fasziniert immer dieser nüchterne, maßvolle, vernunftgeleitete Ansatz bei Benedikt: Kommt einer neu und will das klösterliche Leben beginnen, mache man es ihm nicht allzu leicht – weise ihm den Raum zu, lese ihm die Regel vor, erkläre sie ihm, dann lese man sie ihm nochmals vor. Er soll wissen, was der Eintritt für ihn bedeutet. Bevor sich der Neuankömmling bindet, soll er sich prüfen. Es gibt für ihn eine Regel … und einen Abt! Vor allem aber: Es gibt die absolute Freiheit der Entscheidung. „Siehe das Gesetz, unter dem du dienen willst; wenn du es beobachten kannst, tritt ein, wenn du es aber nicht kannst, geh in Freiheit fort" (RB 58,10). Das ist eine dieser für Benedikt so klassischen Stellen, die die großzügige Atmosphäre der gesamten Regel kennzeichnen. Immer achtet sie auf das rechte Maß und die konkreten Möglichkeiten des einzelnen Menschen.

Der Abt und die Gemeinschaft müssen jederzeit berücksichtigen, dass niemand ins Kloster eintritt und auf Anhieb weiß, wie sich das Leben hier abspielt. Es gibt eine Phase des Vertrautwerdens, des sich Annäherns, des Erklärens, der Anfrage. Das ist ein zeitlicher Rahmen von mindestens viereinhalb Jahren. Meistens dauert dieser Prozess fünf bis sechs Jahre. Gnade dem Gott, der meint, mit seiner Profess, mit seinen zeitlichen oder ewigen

Gelübden, habe sich das Lernen aus der Regel des hl. Benedikt erledigt. Ein Mönch ist nie „fertig", Mönchsein bedeutet ein Leben lang suchen und lernen. Benedikt selbst sagt, er habe die Regel geschrieben, „damit wir durch ihre Beobachtung in unseren Klöstern eine dem Mönchtum einigermaßen entsprechende Lebensweise oder doch einen Anfang im klösterlichen Leben bekunden" (RB 73,1).

Mönch werden und Mönch sein ist für Benedikt ein Prozess. Das steht ausdrücklich schon im Prolog, wo es heißt, dieser Weg könne am Anfang „nicht anders sein als eng" (RB Prol 48). Entscheidend sei, sich nicht sofort von Angst verwirren zu lassen und zu fliehen. Denn wer „im klösterlichen Leben und im Glauben fortschreitet, dem wird das Herz weit" (RB Prol 49). „Leben heißt sich verändern", sagte John Henry Kardinal Newman (1801–1890) einmal und ergänzte: „Vollkommen sein heißt, sich oft verändert zu haben."

Es ist also bei weitem alles nicht so romantisch, wie ein junger, begeisterter Novize sich das manchmal vorstellen mag. Das Kloster ist kein Ort der Weltflucht, keine geschützte Werkstätte und auch kein Schutz vor der ach so bösen Welt! Natürlich gibt es da auch so etwas wie den Zauber und Glanz eines vermeintlichen Paradieses oder den Enthusiasmus und die Leidenschaft einer Liebesbeziehung. Ich gebe Hermann Hesse und seinem Gedicht „Stufen" Recht, wenn er sagt: „Allem Anfang wohnt ein Zauber inne." Aber bei aller Begeisterung des Beginnens steht bei Benedikt doch die nüchterne Realität im Vordergrund. Hier im Kloster gibt es nicht nur Engel, hier ist nicht alles ideal. Auch hier gibt es Nöte und Probleme … und schwierige Mitbrüder.

Aber das kann alles ertragen und bewältigt werden, wenn wir beweglich bleiben. Der einzelne Mönch und die ganze Gemeinschaft stehen in einer dynamischen Treue zum Evangelium. Diese lässt sich nicht von den vielen (und oft überflüssigen) Traditionen bestimmen, sondern von der einen Tradition, die bleibt und verlässlich ist.

Benedikt hat als erstes Wort seiner Regel bewusst *obsculta* – höre! – gewählt und als letztes Wort an das Ende seiner Regel *pervenies* gesetzt – damit du ankommst! Zwischen Hören und Ankommen spielt sich die Existenz, das Leben, das Sein eines Benediktinermönchs ab. Jeder Einzelne soll die Gemeinschaft mit seiner Persönlichkeit bereichern und beschenken, er darf sie aber auch herausfordern und kritisch prüfen. Das ist die Funktion und Aufgabe des Noviziates: dass der Kandidat sich prüft, ob das Klosterleben für ihn passt, und die Gemeinschaft den Kandidaten prüft. Jeder Einzelne hat viel Wertvolles mitbekommen von seinen Eltern, Geschwistern, Verwandten, Freunden und Wegbegleitern, das er gut in die Gemeinschaft einbringen kann und darf.

Keine Gemeinschaft von Menschen ist perfekt. Aber alle können einander bereichern, an- und miteinander wachsen. Kein angehender Mönch muss seine Qualitäten an der Klosterpforte abgeben. Ein Novize darf jung und aktiv sein. Jeder darf Mensch sein und Mensch bleiben. Jeder darf Segen empfangen und kann Segen sein. Was es braucht, ist der Zauber des Entdecken-Dürfens, die Erkenntnis der Ent-Täuschung und die wohltuende Freude über die nötige Treue zur Verbindlichkeit dieser Lebensform.

Von den drei Grundgelübden

Der Mönch hält aus, ohne müde zu werden oder davonzulaufen.

Regula Benedicti 7,36

Diese Verbindlichkeit drückt sich in den drei Grundgelübden aus, die der Mönch ablegt, wenn er sich entschieden hat: in der Beständigkeit (*Stabilitas sua*), im monastischen Lebenswandel (*Conversatio Morum*) und im Gehorsam (*Oboedientia*). Erst im Hochmittelalter sind die sogenannten Evangelischen Räte der Armut, der Ehelosigkeit und des Gehorsams dazugekommen.

Landläufig denkt man bei der *Stabilitas* der Benediktsregel an die *Stabilitas Loci*, an das beständige Bleiben an einem Ort, im Kloster. Gemeint ist aber eine Beständigkeit im Sinne der Verbindlichkeit. Nicht die kirchenrechtliche „Klausur" steht im Vordergrund, sondern die Standhaftigkeit und Standfestigkeit, die eine reife und geistliche Persönlichkeit auszeichnet. Es geht nicht um ein äußeres Bleiben im Kloster, sondern um die *Stabilitas sua*, um die persönliche Verantwortung und Verlässlichkeit jedes Einzelnen dafür, bei seiner einmal getroffenen Entscheidung der „ewigen" Profess zu bleiben. Der Mönch weicht nicht aus, er bleibt im Kloster „bis zum Tod" (RB 7,34). „Er hält aus, ohne müde zu werden oder davonzulaufen" (RB 7,36). Die Beständigkeit ist eine Absage an ein postmodernes Leben des *Anything goes*, an ein Leben, das ständig seiner Alternative nachjagt und sich letztlich auf dem Markt der scheinbar unendlichen Möglichkeiten verliert. Mönche brauchen nicht „draußen herumzulaufen, denn das ist für sie überhaupt nicht gut" (RB 66,7).

Die *Stabilitas*, das Bleiben, das Festhalten an etwas, das Nicht-Davonlaufen, erinnert an die ersten Jünger Jesu, von denen das Johannesevangelium sagt, dass sie bei Jesus geblieben sind (vgl. Joh 1,39). Sie erinnert aber auch an die starken Frauen, die am Karfreitag beim Kreuz aushielten, während viele, darunter Petrus, sich aus dem Staub gemacht hatten. *Stabilitas* meint demnach „bleiben": bei Jesus, beim Kreuz, bei der Kirche – trotz all ihrer Mängel. Nicht davonlaufen, auch wenn es mühsam und schwer oder dunkel wird. Wie jeder Mensch erfährt auch der Mönch die dunkle und schwere Seite des Lebens: an Gott zweifeln, an eigener und fremder Schuld schwer tragen, an den Brüdern, an der Kirche leiden …

Das zweite Versprechen ist die *Conversatio Morum*: auf dem Weg bleiben bzw. immer wieder dorthin zurückkehren, sich orientieren an der Jesusspur, nicht am Eigensinn. Das erste Wort, das uns von Jesus überliefert ist, meint genau das: „Kehrt um und glaubt an das Evangelium!" (Mk 1,15). Glaubt an die gute Nachricht, dass Gott es gut meint mit allen Menschen, dass das Reich Gottes mit Jesus schon angefangen hat. Bezeichnend ist dafür das Gleichnis vom verlorenen Sohn oder, wie wir heute besser sagen, vom barmherzigen Vater. Wir haben immer wieder die Chance umzukehren, zurückzukommen zu Gott, zu diesem Vater mit seinen weit ausgebreiteten Händen und dem mütterlichen Herzen.

Das dritte Versprechen, das Benedikt *Oboedientia* nennt, wird mit Gehorsam übersetzt. Das klingt nach Ausschaltung des freien Willens. Aber darum geht es nicht. Im Wort *Oboedientia* steckt das Hören (*ob-audire*). Der Mönch muss mit dem „Ohr seines Herzens" (RB Prol 1) hinhören, sagt Benedikt im Vorwort seiner Regel. Er muss nach dem lauschen, was Gott ihm sagen will – in der Heiligen Schrift, in den Brüdern und Schwestern, besonders in jenen, die am Rande stehen, die sonst keiner beachtet, in den

Armen und den Kranken, in denen, die in der Welt zu kurz gekommen sind, und in den Zeichen der Zeit. Ordensmänner und Ordensfrauen sind Menschen, die das Hören immer wieder trainieren, die still werden, um in dem Lärm der Welt das zu hören, was wirklich wichtig ist – das Wort Gottes.

An diesen drei Grundregeln, die für Mönche gelten, kann sich jeder Christenmensch orientieren: die Mitmenschen aushalten, auch wenn sie uns auf die Nerven gehen und eine Last sind; ein Leben lang bereit sein, immer wieder in die Spur Jesu zurückzukehren; aufeinander hören und das Gehörte in die Tat umsetzen.

Demut erfordert Mut

Durch Selbsterhöhung steigen wir hinab
und durch Demut hinauf.

Regula Benedicti 7,7

Im siebten Kapitel seiner Regel schreibt der heilige Benedikt über die zwölf Stufen der Demut. Er sieht in der Demut, vielleicht anders als im heutigen Denken und Empfinden, keinen Abstieg, sondern einen Aufstieg – allerdings nicht im Sinne einer Karriereleiter: Durch Selbsterhöhung steigen wir hinab, durch Demut hinauf. Im Verlauf des Kapitels verwendet er das Bild einer Leiter: „Als Holme der Leiter bezeichnen wir unseren Leib und unsere Seele. In diese Holme hat Gottes Anruf verschiedene Sprossen der Demut und der Zucht eingefügt, die wir hinaufsteigen sollen" (RB 7,9) … und wieder hinunter. Benedikt habe, so der Gründer und langjährige Prior des Europaklosters Gut Aich, Johannes Pausch, mit dem Bild der Leiter einen „beinahe etwas hinterlistigen Gedanken“ verfolgt: Je weiter du hinaufsteigst, desto weiter steigst du hinunter, und je weiter du hinuntersteigst, desto weiter kommst du hinauf. „Es ist eine fatale Illusion zu glauben, dass der Weg des Lebens oder auch der Weg in den Himmel immer von unten nach oben geht“, so Pausch. „Es gibt nicht nur eine Lebensbewegung. Das Leben geht immer hinauf und hinunter. Oder auf das Bild der Pendeluhr übertragen, immer von links nach rechts und umgekehrt. Dabei ist das bei Benedikt so wesentliche gute Maß nicht dann erreicht, wenn das Pendel in der Mitte steht. Dort ist es tot, da fehlt jede Lebendigkeit. Das gute Maß ist immer eine Bewegung zwischen den Polen. Wir meinen, es sei die Hölle, wenn der Lebensweg nach unten geht. Tatsächlich ist die Bewegung auf den Boden hin aber genauso existenziell wie die Bewegung nach oben. Zudem ist dieser Abstieg ein spiritueller Aufstieg, weil ich zu mir selbst komme, zu den anderen Menschen komme, zur ehrlichen Auseinandersetzung darüber, was mein Leben ausmacht: aufsteigen, hinuntersteigen, aufsteigen, hinuntersteigen. Diese Pendelbewegung ist der Weg, wie ein Mensch Mensch wird.“

Johannes Pausch illustriert das bildhaft mit der Beratung von Start-ups: „Wenn ich Start-ups berate, versuche ich diesen meist jungen Menschen beizubringen: Jetzt schaut zuerst einmal, wie ihr den Raketenstart hinbringt, und dann schaut, wie ihr wieder herunterkommt. Wenn ihr das nicht tut, wird das Leben euch dazu zwingen. Wenn ihr den Abstieg nicht auch als Teil des Lebens begreift, werdet ihr am Leben verzweifeln und schon an kleinsten Hindernissen scheitern.“

In ihrem gemeinsamen Buch „Erkenntnis“ verbinden der Benediktiner David Steindl-Rast und Johannes Pausch das Wort Demut mit Mut und Respekt. „Demut hat nichts zu tun mit falscher Buckelei. Schon gar nicht hat sie etwas mit Demütigung zu tun. Demut und Demütigung sind vielmehr Gegensätze. Niemand kann einen demütigen Menschen demütigen, denn Demut macht uns frei. Demut macht uns auch frei vom Urteil anderer."

Interessanterweise hat Demut nur im Deutschen den negativen Beigeschmack des Buckelns und Kuschens und Kopfeinziehens. Im lateinischen Begriff *Humilitas* stecken dagegen die Wortwurzeln *Homo* für Mensch und *Humus* für Bodenhaftung in der doppelten Bedeutung von Wandlungsfähigkeit und Humor. In der Regel des hl. Benedikt steht jedenfalls nichts von der falschen Demut, die die Kirche gerne den Menschen auferlegt und in der religiösen Askese beigebracht hat: klein beigeben und sich verbiegen.

Die vierte der zwölf Stufen der Demut handelt vom Gehorsam und da schreibt Benedikt: „Sogar wenn dem Mönch dabei noch so viel Unrecht geschieht, schweigt er und umarmt gleichsam bewusst die Geduld" (RB 7,35). Das Herausfordernde an der Geduld ist das Erleben und der Umgang mit der Zeit. In Bayern gibt es dafür einen schönen Ausdruck, der diese Herausforderung so umschreibt: „Des dauert ja ewig und drei Dog".

In diesem „ewig und drei Dog" steckt auch ein Hinweis auf eine Barriere, die wir alle kennen, weil wir sie noch alle vor uns haben: die Zäsur des Todes. Manchmal sprechen wir daher auch von der Schwelle des Todes, über die Menschen hinübermüssen, über die wir alle einmal hinübermüssen. Niemand weiß, ob es leichtfällt oder mühsam sein wird. Ob wir leiden müssen oder ob wir einfach einschlafen dürfen, wie es sich manche Menschen wünschen oder auch selbst bestimmen wollen. Viele Ängste und Befürchtungen kreisen um dieses Thema. Manchmal lässt sich der Tod jedoch viel Zeit und ein anderes Mal lässt er den Menschen keine Zeit.

Vom Habit als Dresscode

Unserer Meinung nach genügen in Gegenden mit gemäßigtem Klima für jeden Mönch Kukulle und Tunika.

Regula Benedicti 55,4

Der Habit des Ordensmannes ist ein Zeichen, das verstanden werden muss. Dort, wo das Ordensgewand nicht verstanden wird, muss man es auch nicht anziehen. Dass man den Erzabt von St. Peter in der Öffentlichkeit beinahe nur im Habit kennt, ist der verständliche Eindruck, weil der Abt naturgemäß sehr häufig offiziell in der Öffentlichkeit auftreten muss. Aber wenn ich mit privaten Freunden oder Volksmusikanten beisammen bin, dann kennt mich niemand. Da trage ich selbstverständlich auch keinen Habit, sondern bin in der kurzen Lederhose unterwegs, nicht als Erzabt, sondern als Privatperson. Das ist gut so. Mit meinem Freund Bertl Göttl sitzen wir am Abend manchmal im kleinen Kreis beisammen. Da bin ich völlig privat. Aber generell finde ich den Habit sehr praktisch, weil ich nicht überlegen muss, was ich anziehen soll. Der Dresscode ist geklärt. Als Abt trage ich gewöhnlich ein schlichtes Kreuz. Wertvolle Brustkreuze, die oft von Stiftern kommen, trage ich zu den kirchlichen Feiertagen.

Ich muss mir freilich immer bewusst sein, wie allein die großen Räume in St. Peter die Haltung, die Umgangsformen und sogar den Charakter prägen. Diese Erfahrung war auch während meiner Studienzeit in Rom ganz stark. Der Vatikan ist ein Hofstaat. Allein wenn man da hineingeht und überall von höchster Kunst eines Raffael u. a. umgeben ist, gibt das dem ganzen Ambiente eine gewisse Würde. Die schlägt in gewisser Weise auch auf die eigene Persönlichkeit durch. Ein kleines Beispiel: Ich habe drei Jahre direkt im Vatikan gelebt, im Collegio Teutonico di Santa Maria in Campo Santo. Da war ich schon Priester und habe selbstverständlich das Priesterkollar getragen. Da ging es in Rom nicht um die Frage, ob man progressiv oder konservativ eingestellt war – alle haben den weißen Kragen des Priesters getragen. Mehrmals am Tag musste ich an den Schweizergardisten vorbeigehen, um aus dem Stadtstaat Vatikan in die italienische Stadt Rom zu kommen. Mit der Zeit hat man diese Schweizergardisten alle gekannt, und umgekehrt. Aber es war ein Unterschied, ob man in Zivilkleidung oder im Ordenshabit oder mit Kollar vorbeigegangen ist. In Zivil ließen sie dich einfach passieren. Wenn man Habit oder Kollar getragen hat, haben sie sofort salutiert. Das ist am Anfang furchtbar peinlich, aber nach zwei, drei Jahren fällt es dir unangenehm auf, wenn das nicht geschieht. Da kommen sofort Gedanken auf: Was hat er jetzt, was passt heute nicht, der kennt mich doch?!

Keine Frage, mit dem Habit, den ein Ordensmann trägt, entwickelt sich auch ein gewisser Habitus. Das ist bis zu einem gewissen Grad ein ganz natürlicher Vorgang, den es in jedem beruflichen Umfeld und in jedem gesellschaftlichen Kontext gibt. Das Gewand steht für eine Haltung. Man darf es aber nicht instrumentalisieren, um sich dadurch irgendwelche Privilegien anzumaßen. Entscheidend ist wohl, dass man darin als Persönlichkeit nicht aufgeht, sondern immer wieder auch einen gewissen Abstand zum erlernten und angewöhnten Verhalten hält.

FÜHREN, SORGEN UND NICHT KRÄNKEN

Vom Abt in der Rolle des Oberen

Der Abt wisse, dass er mehr helfen als herrschen soll. Er muss daher das göttliche Gesetz genau kennen, damit er Bescheid weiß und (einen Schatz) hat, aus dem er Neues und Altes hervorholen kann. Er sei selbstlos, nüchtern, barmherzig. Immer gehe ihm Barmherzigkeit über strenges Gericht, damit er selbst Gleiches erfahre.

Regula Benedicti 64,8–10

Ein Kloster braucht die Rolle des Oberen, in unserem Fall des Abtes. Die größte Herausforderung für den Abt ist, im inneren Raum des Klosters Bestand zu haben gegen alle Spaltungen, die es – wie in jeder menschlichen Gemeinschaft – natürlich auch im Kloster gibt. Für uns Benediktiner ist wichtig, dass wir gemeinsam beten und essen. Deshalb ist der Abt auch viel in der Gemeinschaft unter den Brüdern und macht auch alle Dienste, die es zu erfüllen gibt. In der Regel steht sogar, dass der Abt mit Gästen separat speist, wenn welche im Kloster sind (vgl. RB 53,16 und 56,1). Aber das machen wir heute nicht mehr so, höchstens in Einzelfällen.

Die größte Sorge des Abtes ist es, auf den inneren Ausgleich der verschiedenen Strömungen unter den Mitbrüdern zu achten. Und zwar sehr diskret. Es wäre weder gut noch klug, wenn es nur den einen oder anderen Vertrauten des Abtes gäbe, und alle anderen stünden abseits. Ich muss als Abt viel hinhören und zuhören. Es ist herausfordernd, vieles zu wissen, aber nur wenig sagen zu dürfen. Der Salzburger Prälat und Kunsthistoriker Johannes Neuhardt hat das immer so schön auf den Punkt gebracht: „Wenn ich weniger wüsste, könnte ich mehr sagen …“ Das trifft die Sache ziemlich genau. Der Abt muss in seiner Verschwiegenheit vieles mittragen, von dem er weiß, dass es eigentlich nicht so sein sollte. Aber es ist halt so. Wenn der Abt sich nicht am Zügel hat, kann er viel Schaden anrichten. Ein Kloster ist nicht nur ein Betrieb, sondern eine Lebensgemeinschaft. Das fordert. Ich muss mit den Brüdern Tag und Nacht zusammenleben. Ich muss mit ihnen beten, ihnen in die Augen schauen können, sie aushalten können, wenn sie neben mir sitzen. Dies aufrichtig durchzuhalten ist anspruchsvoll. Halte ich diesen Menschen ein Leben lang aus? Ertrage ich ihn als Nachbarn oder gar als Oberen? Da kann man erahnen, wie schwierig im Konkreten eine Abtwahl ist. Es gibt immer wieder auch Leute, die wollen Abt werden. Aber da habe ich den Eindruck, die wissen nicht, was das eigentlich bedeutet und was es von einem selbst und von den anderen einfordert.

Der Abt hat Macht, weil ihm eine gewisse Deutungshoheit obliegt. Aber er muss immer mit der Gemeinschaft gehen, und wenn ihm das nicht gelingt, dann ist er machtlos gegenüber gemeinschaftlichen Prozessen und Entscheidungen. Das Ordensrecht hat sich so entwickelt, dass es vor allem in finanziellen Angelegenheiten immer einen Kapitelbeschluss geben muss.

Die eigentliche Macht im Benediktinerorden liegt beim Abtpräses – in unserem Fall beim Abtpräses der Österreichischen Benediktinerkongregation –, aber selbstverständlich nicht bei ihm allein, sondern nur in Verbindung mit seinem Beratungs- und Entscheidungsgremium, dem Präsidium. Der Abtpräses hat nur insofern Macht über andere Klöster, als ihm das die Satzungen der Kongregation einräumen. So leitet er z. B. die Abtwahl in jedem Kloster der Kongregation. Er steht seinem Präsidium vor, einem Kollegium, das eine Art Controlling durchführt, sowohl wirtschaftlich als auch geistlich. Darüber hinaus gibt es weltweit für alle Benediktinerklöster den Abtprimas. Notker Wolf, Abtprimas von 2000 bis 2016, hat immer etwas damit kokettiert, dass jeder Abt und Abtpräses mehr Macht habe als er in seiner Funktion als Abtprimas. Richtig ist, dass der Abtprimas sich seine Autorität nur erwerben kann, indem er jeglichen Autoritarismus sein lässt.

Die ordentliche Visitation eines Klosters durch den Abtpräses erfolgt in der Österreichischen Benediktinerkongregation alle sechs Jahre. Bei einem schwerwiegenden Vorfall kann eine außerordentliche Visitation beantragt werden. Päpstliche Visitationen geschehen eher sehr diskret und werden in der Regel nicht öffentlich bekannt. So gab es im deutschen Sprachraum in den letzten Jahren mindestens zwei päpstliche Visitationen, die bis heute nicht öffentlich bekannt wurden.

Viele Menschen meinen, als Erzabt hätte ich viel Macht. Aber wie kommen sie darauf? Und was meint man damit eigentlich? Die Einflussnahme auf Wirtschaft, Politik oder Kirche? Ich sehe das anders: Es geht um Kommunikation. Bevor ich etwas umsetzen kann, muss ich mich mit Betroffenen, Behörden, Beamten und auch mit kirchlichen Amtsträgern absprechen, um überhaupt abschätzen zu können, ob eine Idee Chance auf Umsetzung hat. Dabei kann man eben geschickter oder ungeschickter vorgehen. Umgekehrt kommen auch viele Menschen zu mir, um mich im Vorfeld zu fragen, wie ich einen Änderungsvorschlag einschätze. Das hat aber eher mit Vertrauen und Erfahrung zu tun als mit Macht oder Entscheidungskompetenz. Ich bleibe dabei immer im Dialog.

Den die Gemeinschaft einmütig gewählt hat …

Bei der Einsetzung eines Abtes soll man stets so verfahren: Es werde der bestellt, den die ganze Gemeinschaft einmütig in Gottesfurcht gewählt hat oder ein noch so kleiner Teil in besserer Einsicht. Entscheidend für die Wahl und Einsetzung seien Bewährung im Leben und Weisheit in der Lehre, mag einer in der Rangordnung der Gemeinschaft auch der Letzte sein.

Regula Benedicti 64,1–2

Der Abt wird gewählt, und zwar auf Zeit oder auf Lebenszeit. Das kann jedes Benediktinerkloster der Österreichischen Benediktinerkongregation in einem eigenen Wahlvorgang vor der Abtwahl für sich festlegen. Auf Zeit heißt im Normalfall auf zwölf Jahre. So bin ich, so sind derzeit die meisten Äbte Österreichs gewählt. Meine Amtszeit geht im April 2025 zu Ende. Auf Lebenszeit heißt bei Äbten bis zur Vollendung des 70. Lebensjahres. Bischöfe hingegen müssen mit 75 Jahren dem Papst ihren Rücktritt anbieten. Der Papst kann, muss aber nicht zu diesem Zeitpunkt den Rücktritt annehmen. Möchte eine Gemeinschaft in der Österreichischen Benediktinerkongregation den Abt über den 70. Geburtstag hinaus behalten, so muss er wiedergewählt werden. Die Amtszeit ist dann aber auf sechs Jahre beschränkt.

Abt wird heute, wer von der Mehrheit der Brüder gewählt wird. In der Regel Benedikts gibt es da noch die so genannte *Sanior Pars*, das heißt, dass er von einem kleinen, aber qualifizierten Teil gewählt wird. Das wird heute aber nicht mehr gemacht. In der Regel ist diese Art der Wahl gut ausgegangen, z. B. waren die großen Äbte von Cluny, die sehr lange Regierungszeiten und riesige Klöster zu leiten hatten, ungleich bedeutender als die Päpste und Kardinäle ihrer Zeit, weil sie ein Stabilitätsfaktor waren. Historisch gab es auch die Wahl nur durch Bestätigung: Der Abt wählte einen jungen Mitbruder, den er für geeignet hielt, als seinen Nachfolger aus und die Gemeinschaft bestätigte diese Auswahl.

Heute ist es so, dass es in großen Gemeinschaften eine Art Vorwahl gibt, aber keinen Wahlvorschlag. Es wird wie bei der Papstwahl völlig frei gewählt. Jeder Mitbruder, der lange genug im Kloster bzw. noch nicht 70 Jahre alt ist, kann mit einfacher Mehrheit gewählt werden. In der Beuroner Kongregation ist für die Abtwahl eine Zweidrittelmehrheit erforderlich. Das ist eine hohe Hürde, die manchmal zu keinem Ergebnis führt. Wir in der Österreichischen Benediktinerkongregation haben lediglich fünf Wahlgänge. Wenn im fünften Wahlgang kein Kandidat 50 Prozent der Stimmen plus eine Stimme erhält, gibt es noch drei Wahlgänge, in denen nur mehr ein Administrator gewählt werden kann. Wenn das auch zu keinem Ergebnis führt, ernennt der Abtpräses einen Administrator. Das ist übrigens die Situation, in der der Abtpräses am mächtigsten ist.

Das Kloster hat immer auch das Recht, mit Zweidrittelmehrheit jemanden von außen zu postulieren, wenn man das Amt niemandem aus den eigenen Reihen zutraut und der Meinung ist, nur jemand von außen könne in der gegebenen Situation sinnvoll die eigene Gemeinschaft führen. Das ist immer schwierig und geht in den seltensten Fällen wirklich gut.

Eine hochnotpeinliche Befragung

Jede Abtwahl ist nicht nur eine Personalie, sie ist auch eine Entscheidung über den künftigen Kurs des Klosters. Daher gibt es naturgemäß auch eine Tendenz, sozusagen auf Nummer sicher zu gehen und einen Kandidaten zu wählen, von dem man glaubt, seine künftige Amtsführung einschätzen zu können. Etwa nach dem Motto: Wir wissen, was wir wollen und was nicht, und damit können wir umgehen. Selbst wenn wir den Kandidaten dort oder da einmal ein wenig einbremsen müssen oder wir ihn wieder einfangen müssen, wenn er sich verlaufen hat.

In der Endphase der Regierung von Erzabt Edmund Wagenhofer OSB (März 1997 bis April 2009) gab es massive Konflikte in unserer Gemeinschaft. Mit Hilfe von außen haben wir in einem längeren Prozess die kommende Abtwahl vorbereitet. Trotz der Probleme konnte man davon ausgehen, dass die Gemeinschaft Erzabt Edmund wohl neuerlich wählen würde. Schlussendlich hat er aber selbst erklärt, dass er nicht mehr für eine Wiederwahl zur Verfügung stehen würde.

So haben wir am Profil eines künftigen Erzabtes gearbeitet und einen möglichen Kurs aufgezeichnet. Zuletzt wurde auch über konkrete Personen gesprochen. Gewählt werden können alle Mitbrüder, die seit mindestens zehn Jahren die Profess abgelegt haben und älter als 30 Jahre sind bzw. alle, die jünger als 70 Jahre sind. Man könnte also theoretisch, wenn man mit 19 Jahren in das Kloster eintritt, im Alter von 30 Jahren mit einfacher Mehrheit gewählt werden. Am Ende durfte jeder Mitbruder fünf Punkte vergeben, die er auf fünf Kandidaten verteilen musste. Dazu wurde vereinbart, dass die vier Kandidaten mit den meisten Punkten näher zu ihrer Person und ihrem Werdegang und ihren Vorstellungen für die Zukunft des Klosters befragt werden sollten. Es handelte sich um drei jüngere und einen älteren Mitbruder. Ich war einer der drei jüngeren. Pater Bruno Becker war der ältere Kandidat. Das war keine Prämisse für die Abtwahl, aber es wurde selbstverständlich von allen als eine gewisse Vorentscheidung empfunden.

Wir vier wurden hochnotpeinlich befragt. Da ist es sehr direkt und ungeschminkt ans Eingemachte gegangen: Führst du ein Doppelleben, hast du eine Freundin, bist du homosexuell …? Das geschah unter dem Schutz des Kapitelgeheimnisses, aber ich musste schon einmal schlucken, als ich von den Mitbrüdern solche intimen Fragen gestellt bekam. Als großer Fehler hat sich im Nachhinein erwiesen, dass die damals entscheidende Frage, ob sich einer der vier den Missbrauch von Minderjährigen hat zu Schulden kommen lassen, nicht gestellt wurde. Das war im Jahr 2009 in unserem Kloster noch kein Thema.

Wir vier waren damit plötzlich Kandidaten für die Abtwahl. Ab diesem Zeitpunkt hat jeder von uns sein Verhalten geändert, denn ab sofort wurde alles, was man sagte oder tat, unter dem Gesichtspunkt beurteilt, ob man der richtige Erzabt für die Zukunft wäre. Gewählt wurde Bruno, der dann nach weniger als einem Jahr wegen eines Missbrauchsfalls zurücktreten musste. Er hatte ihn vor mehr als vier Jahrzehnten begangen und war überzeugt, dass er „abgeschlossen" sei. Das war eine bittere Enttäuschung und Ernüchterung für uns alle. Bei der Wahl 2013 führten wir keinen vorausgehenden Prozess mehr durch.

Ich bin spektakulär ins Amt gekommen

Nach dem Rücktritt von Abt Bruno bin ich sehr spektakulär ins Amt gekommen. Im Vorfeld der Abtwahl musste ich als Prior –

diese Funktion hatte ich von 2009 bis 2013 inne – vor allem mit dem Projekt der Kirchensanierung sehr stark die Öffentlichkeit suchen. Für die aufwändige Sanierung der Klosterkirche haben sich die Medien sehr interessiert. Das war mir manchmal peinlich, weil es so aussah, als ob ich mich als Prior bewusst in die Öffentlichkeit drängen würde. Vielleicht gar, um zum Erzabt gewählt zu werden. In der Osterausgabe 2010 einer großen Tageszeitung gab es ein großes Foto von mir mit der Frage, wie es denn mit St. Peter weitergehen würde, nachdem kurz vorher Erzabt Bruno zurückgetreten war. Ich wollte mich da keineswegs auf Kosten anderer in den Vordergrund drängen. Aber es gab in der Folge häufig Anfragen der Medien. Außerdem war mir klar, dass ich im Falle einer Wahl kompromisslos alle Missbrauchsfälle, die von (Ex-)Mitbrüdern in der Vergangenheit begangen wurden, aufarbeiten müsste.

Nach drei Jahren Administration durch P. Benedikt Röck haben wir, um den öffentlichen Druck von außen gering zu halten, den Termin der Abtwahl 2013 sehr geheim gehalten. Das hat tatsächlich auch funktioniert. Der Tag der Wahl war der 30. Jänner 2013. Dabei war nur eine einfache Mehrheit erforderlich. Eine Zweidrittelmehrheit wäre nur notwendig gewesen, wenn wir einen Kandidaten aus einem anderen Kloster erwählt hätten. Das haben wir tatsächlich ernsthaft überlegt. Ich selbst habe diskret Kontakt mit einem mir möglich erscheinenden Kandidaten von auswärts aufgenommen. Andere Mitbrüder haben sich ebenfalls mehr oder weniger diskret auf die Suche gemacht. Bei der Wahl selbst war bald einmal klar, dass kein Kandidat aus einem anderen Kloster die Zweidrittelmehrheit erreichen würde, die dafür notwendig gewesen wäre.

Die Voraussetzungen für die Wahl waren also insgesamt nicht ganz einfach. Ich bin von den 21 wahlberechtigten Mitbrüdern erwartungsgemäß nicht im ersten Wahlgang gewählt worden, denn es gibt bei einer Abtwahl nicht nur einen oder zwei Kandidaten, sondern alle sind wählbar. Das heißt, dass sich die Stimmen – ähnlich wie bei einer Papstwahl – zunächst einmal auf mehrere Kandidaten verteilen. Erst nach zwei, drei Wahlgängen kam eine gewisse Bewegung in das Abstimmungsergebnis, die sich auf eine klare Mehrheit hin entwickelt hat. Ich wurde schließlich im vierten Wahlgang gewählt.

Die große Herausforderung bei dieser Wahl war der Generationenwechsel. Den konnten sich viele nicht vorstellen. Ich wurde aber letztlich als einer der drei jüngeren Kandidaten gewählt und war selbst am meisten überrascht, wie gut es nach der erfolgten Wahl lief. Denn das eine ist, einen Abt zu wählen, das andere aber, ihm auch zu folgen. Einerseits soll sich die ganze Gemeinschaft hinter diesen neu gewählten Abt stellen, andererseits aber auch der neu gewählte Abt die ganze Gemeinschaft vertreten. Zu meiner Freude hat sich nach der Wahl sehr viel bewegt. Ich konnte mehrfach an einzelnen Sachfragen feststellen, dass die Mitbrüder erleichtert waren: Zum einen, dass es in einer schwierigen Situation überhaupt gelungen war, einen aus den eigenen Reihen zum Abt zu wählen und wir nicht in die Notlage gekommen sind, einen Kandidaten von außen zu nehmen. Zum Zweiten, dass dieser weiterführende, auf die Zukunft hin orientierte Generationenwechsel damit gelungen war.

Ein weiterer Aspekt ist natürlich, ab wann ein Mönch fähig und reif für dieses Leitungsamt ist. Ich fragte mich: „Habe ich die nötige innere Freiheit? Bin ich unparteiisch und in der richtigen Weise ergebnis- und erkenntnisorientiert?“ Die „unsichtbaren Gegebenheiten“ des Amtes kannte ich durch meine philosophischen und theologischen Studien, meine praktischen Erfahrungen in den unterschiedlichen Seelsorgestationen und meinen, durch gute geistliche Väter und Mütter begleiteten persönlichen Lebensweg. Bei den „sichtbaren Gegebenheiten", also all dem, was heutzutage durch ein klares Berufsprofil gefordert ist, konnte ich zwar einiges an Ausbildung aufweisen, aber gerade da fühlte ich mich ungenügend und schwach.

Als ehemaliger Novizenmeister kannte ich die Benediktsregel – auch die Abtskapitel – gut und habe sie immer wieder zu vermitteln versucht. Aber erfüllte ich all diese hohen Anforderungen? Ich wusste, welche Fähigkeiten Erzabt Edmund hatte, die ich überhaupt nicht vorweisen konnte. Er hatte Wirtschaft und Welthandel studiert und war ein ausgewiesener Ökonom. Eine gute Wirtschaftsführung verschafft Respekt. Das war auch ein maßgeblicher Grund dafür, dass damals Edmund zum Erzabt gewählt wurde. Dagegen hatte ich von Ökonomie keine Ahnung. Ich habe im Kloster eher als der kunstsinnige Schöngeist gegolten. Das war mit meiner Zuständigkeit als Kustos verbunden.

Erzabt Franz Bachler wiederum, der St. Peter 41 Jahre lang, von 1956 bis 1997, regiert hat, war der Gütige. Er hielt das Kloster in den unruhigen Zeiten nach dem Zweiten Vatikanischen Konzil gut zusammen. Da sind einige Mitbrüder weggegangen, wie es damals in vielen Klöstern geschehen ist, nachdem sich die ersten nachkonziliaren Hoffnungen auf eine schnelle Abschaffung des Zölibats nicht erfüllt hatten. Erzabt Franz war moderat, und manche hätten sich nach dem Konzil erhofft, dass ein radikaler Reformgeist durch St. Peter wehen würde. Aber Erzabt Franz wusste, dass er das den älteren Mitbrüdern, die eine gewichtige Stimme in der Gemeinschaft hatten, nicht zumuten konnte. Da wurde vieles mit Geduld ausgesessen.

Was Benedikt dem Abt ans Herz legt

Der Abt suche, mehr geliebt als gefürchtet zu werden. Er sei nicht stürmisch und nicht ängstlich, nicht maßlos und nicht engstirnig, nicht eifersüchtig und allzu argwöhnisch, sonst kommt er nie zur Ruhe. In seinen Befehlen sei er vorausschauend und besonnen. Bei geistlichen wie bei weltlichen Aufträgen unterscheide er genau und halte Maß.

Regula Benedicti 64,15–17

Mein Vorteil für die neue Rolle als Abt war, dass ich viel herumgekommen bin und einiges von der Spiritualität anderer Klöster mitbekommen habe. Ich habe u. a. Mitbrüder besucht, die ich in meiner Studienzeit in Rom kennengelernt hatte, und habe dabei gesehen, wie die gemeinschaftlichen Vollzüge in anderen Klöstern geordnet waren. Eine Klostergemeinschaft ist ja kein „Zellhaufen von Einsiedlerkrebsen". Uns muss mehr verbinden als nur der Klosterkorridor oder gemeinsame Gebetszeiten. Gemeinschaft war und ist für mich immer ein vorrangiges Thema in einem Kloster. Es geht nicht um einen – vielleicht gar von oben diktieren – Korpsgeist, sondern darum, an einem Strang zu ziehen und bei allen Differenzen in wesentlichen Fragen schlicht und ergreifend zusammenzuhalten.

Mein Programm hat sich auf der Suche nach einem Wahlspruch herauskristallisiert: *Communicantes semper tecum* – Als Anteilhabende immer mit Dir. Der Wahlspruch deutet das Amt des Abtes einerseits als kommunizierende Verbindlichkeit dem einzelnen Mitbruder gegenüber. Er verweist andererseits aber auch auf den tröstenden Beistand Gottes, auf den der Abt hoffen darf. Der Angelpunkt ist das ständige Miteinander-im-Gespräch-Sein.

Sehr viel Positives bewirkt das wöchentliche Gespräch am Abend, das bereits vor meiner Amtszeit auf Anregung eines Mitbruders eingeführt wurde. Dieses Beisammensein jeden Dienstagabend dauert nicht lange. Wir tauschen uns kurz aus, nicht nur über den Terminkalender und wo jeder die kommende Woche umgeht, sondern auch und vor allem über Themen, die in der Gemeinschaft aktuell oder virulent sind. Jedes Dienstaggespräch beginnt mit einer kurzen Singprobe und schließt mit der Komplet, dem Nachtgebet der Kirche, ab. Manchmal dauert die Zusammenkunft nur zehn Minuten, manchmal eine halbe Stunde. Jeder Mitbruder, vom jüngsten bis zum ältesten, kann einbringen, was ihm am Herzen liegt. Das kann ein Missstand sein, den einer aufzeigen will, oder eine Unklarheit, in der einer um eine klare Regelung ersucht, etc. Wir hören aufeinander, und wenn es möglich ist, wird an Ort und Stelle eine Entscheidung getroffen. Das ist konkretes synodales Vorgehen, das ist – wenn man so will – der konkrete *Modus operandi* des Heiligen Geistes in einer Gemeinschaft oder mit anderen Worten: Wie gehen wir zuhörend und wertschätzend miteinander um? Die Entscheidung trifft letztlich der Abt, aber es sind alle dabei, sodass um eine gerechte Entscheidung sehr gerungen wird. Wesentlich ist dabei, dass nicht nur die das Wort führen, die am lautesten schreien, sich am besten ausdrücken oder am besten argumentieren können, sondern dass auch die Meinung derer geachtet wird, die ihr Anliegen nicht so wortgewaltig, sondern nur leise ausdrücken können.

Ein gerne betretenes Minenfeld bei diesen Wochengesprächen sind die Liturgie und das Chorgebet. Einen Mitbruder, der immer zu spät kommt und dessen Ausrede nie überzeugt, dürfte es in jedem Kloster geben. Viel entscheidender ist es beim Chorgesang, den für alle richtigen Rhythmus und die richtige Tonhöhe zu finden oder die Pausen richtig einzuhalten. Das ist beim

Sprechgesang schwieriger als beim Singen. Und es ist auf Dauer natürlich nervend, wenn ein Mitbruder jedes Mal partout schon mit dem nächsten Halbvers in die Pause hineinplatzt. Das kennt man ja auch in vielen Pfarrgemeinden beim gemeinsamen Beten des Vaterunsers oder des Rosenkranzes, dass jemand zu langsam ist und nachhinkt oder zu schnell ist und vorausprescht. Ganz schlimm wird es, wenn das jemand dann auch noch militant verficht, im Namen der Frömmigkeit.

Bedeutsam für die klosteralltägliche Hausordnung ist eine fixierte halbe Stunde Zeit für die *Lectio*, die wir verpflichtend vor der Konventmesse eingeführt haben. Davor war das Gebet in der Früh von der Nokturn und der Laudes ohne Unterbrechung in einem durchgegangen, bis hin zur Messfeier. Das hat uns nicht gutgetan. Die Herausforderung war, ob wir die Messe nur als Klostergemeinschaft feiern, sodass wir zeitlich nicht genau gebunden wären, oder öffentlich mit Leuten von außen, die gerne dazukommen wollen. Wir haben uns schließlich darauf geeinigt, dass wir mit den morgendlichen Gebeten etwa um 6.30 Uhr fertig werden und pünktlich um 7.00 Uhr die Messfeier beginnen können. In der Zwischenzeit gibt es die *Lectio*, für die sich jeder, wenn er will, auch in seine Zelle zurückziehen kann. Manche bleiben lieber in der Marienkapelle und meditieren einen Abschnitt aus der Heiligen Schrift oder lesen ein geistliches Buch. In dieser knappen halben Stunde am Morgen hat also einerseits jeder für sich Zeit, aber es geht auch eine gemeinsame Kraft davon aus. Jeder weiß, er ist jetzt frei und kann für sich geistig und geistlich etwas Gutes tun, und alle zusammen sind wir in diesem Geist verbunden.

Ich selbst bin oft sehr dankbar, wenn ich in dieser Zeit einfach in Gedanken um einen biblischen Vers oder einen anderen Satz, der mich bewegt, kreisen kann. Das kann auch ein Vers sein, der mich ärgert. Zum Beispiel einer der Psalmverse, in denen es auch sehr viel Anklage gibt. Oder ein Halbvers, der aus dem Zusammenhang gerissen wird, was häufig passiert. Etwa: „Der Tor sagt in seinem Herzen: Es gibt keinen Gott“ (Ps 53,2). Über den Rest habe ich lange hinweggelesen, bis mir endlich aufgefallen ist, was über die Toren und ihr Schicksal andernorts erzählt wird: „… bis ich eintrat in Gottes Heiligtum und einsah, wie es mit ihnen zu Ende geht“ (Ps 73,17). Seither ist mir bewusst, dass ich aufpassen muss, nicht wie die Toren zu enden …

Abt und Gemeinschaft in der Liturgie

Dem Gottesdienst soll nichts vorgezogen werden.

Regula Benedicti 43,3

Ein intensiver Ausdruck dessen, wie wir unser Leben im Kloster führen, ist die Liturgie. Wie die Liturgie konkret gestaltet und gefeiert wird, macht etwas mit einer Klostergemeinschaft. Daher war es nicht verwunderlich, dass bei der Neugestaltung des Altarraumes im Zuge der Renovierung der Stiftskirche St. Peter unter anderem auch heftig über die *Sessio* diskutiert wurde. Das war absolut der Logik der Liturgie als sichtbarer und zentraler Ausdruck dessen geschuldet, was eine Klostergemeinschaft ausmacht. In der liturgischen Ordnung wird transparent, wie die Mönchsgemeinschaft funktioniert und wie der Abt in diese zugleich hineinverwoben und in seiner besonderen Verantwortung herausgestellt ist. Die *Sessio* ist primär der Ort des jeweiligen Vorstehers der Liturgie, sie ist in unserem Fall aber auch manchmal bei feierlichen Gottesdiensten der Platz des Abtes.

Die Stiftskirche St. Peter ist nicht nur der älteste Kirchenraum in Salzburg, sondern in ihrer Komplexität und künstlerischen Ausstattung eine der spannendsten Kirchen. Deshalb bedurfte es hier eines besonders einfühlsamen Herangehens an die historische Bausubstanz. Beginnend mit den vorrupertinischen archäologischen Relikten – teils römisch, teils spätantik – finden sich in der Stiftskirche über all die Epochen hinweg Kunstwerke von höchster Qualität: von der vorkarolingischen Zeit bis in die Gegenwart.

Für die Neuordnung des Altarraumes haben wir mit dem Salzburger Architekten und Karikaturisten Thomas Wizany den idealen Partner gefunden. Es zeichnet einen großen Architekten aus, dass er genau weiß, wo er sein Ego zeigen kann und wo er sich zurücknehmen muss. Thomas Wizany ist ein Humanist, mit dem mich seit unserer intensiven Zusammenarbeit eine persönliche Freundschaft verbindet. Bis hin zu familiären Ereignissen und Tragödien. Für St. Peter war er ein Glücksfall, und er ließ auch immer wieder durchblicken, dass das, was er in St. Peter gestalten konnte, für ihn ein Glücksfall war.

Bei der Kirchenrenovierung, die mit der Weihe des neuen Altars am 22. September 2019 vorerst abgeschlossen werden konnte, ging es nicht nur um die notwendige Ertüchtigung der in den letzten Jahrhunderten ermüdeten Statik. Wir hatten darüber hinaus auch die großartige Möglichkeit, mehr als 50 Jahre nach der Liturgiereform des Zweiten Vatikanischen Konzils die liturgischen Orte definitiv neu zu gestalten. Provisorien waren zur ständigen, aber nicht befriedigenden Dauereinrichtung geworden. Konkrete Versuche, den Altarraum anzupassen – von durchaus anerkannten Architekten in den 1990er Jahren und dann nochmals um 2008 –, hatten sich nicht durchsetzen können.

Im Vorfeld der jüngsten Erneuerung wurden über einige Jahre hinweg bereits Befundungen und Messungen unternommen. Wir gingen also nicht ganz unvorbereitet in dieses Großprojekt hinein. Mir war klar, dass sehr viel Kommunikationsarbeit zu leisten sein wird, nach innen mit den Mitbrüdern in der Klostergemeinschaft ebenso wie nach außen mit der interessierten Öffentlichkeit. Der reich ausgestattete Innenraum der Stiftskirche vertrug allenfalls eine schlichte, zurückhaltende Formsprache und keine weitere Ornamentik oder Behübschung.

In einem langen gemeinschaftlichen Vorbereitungsprozess mit Fachleuten von außen – für liturgische Fragen mit Michael Max, für künstlerische Belange mit Hubert Nitsch – entschieden wir uns schließlich für das von Thomas Wizany und Bernd Haslauer entworfene Projekt. Wir haben viel gerungen, und das Schöne ist, es hat sich immer das Richtige durchgesetzt wie zum Beispiel der neue Volksaltar, der im Mittelpunkt jeder Feier steht, sich aber in den historischen Kirchenraum perfekt einfügt. Mindestens fünf Jahre lang überlegte ich gemeinsam mit Thomas Wizany zahlreiche Varianten. Soll der Altar aus Stein sein oder aus einem ganz anderen Material? Etc. Das war ein äußerst spannender Prozess, der viel auslöste. Oft musste man auch etwas sein lassen, von dem man vorher absolut überzeugt war. So war der Architekt über den ersten, von mir skizzierten Altar zunächst überhaupt nicht glücklich. Er verglich ihn mit einem Stockzahn. Aber das Besondere an diesem Altar ist das absolut richtig gewählte Material: Untersberger Marmor, ein warmer Stein, der in diesem Kirchenraum seinen guten Platz hat, aber nicht zu außergewöhnlich ist. Manche meinten, hier würde ein tiefschwarzer Basaltblock hineinpassen oder ganz weißer Carrara-Marmor, wenn schon Marmor. Oder überhaupt ein Altar aus Bronze. Heute würde ich vielleicht sogar Stampflehm wählen, aber damals war ich noch nicht so weit.

Während der Renovierungsarbeiten war viel archäologische Forschung und Bauforschung nötig. Das Bundesdenkmalamt stieg glücklicherweise darauf ein, sodass wir archäologische Ausgrabungen bis in fünf bis sechs Meter Tiefe durchführen konnten. Dadurch konnte man unter der Kuppel eine einzige Ebene schaffen. Vorher war dieser Raum in drei Ebenen aufgeteilt gewesen. Für die Theologie und die Liturgie der Eucharistie ist es ein Vorteil, dass wir den Altar, die *Sessio* und das Chorgestühl in einem Kreis und auf einer Ebene anordnen konnten. Entsprechend überzeugend war dann auch die konkrete Umsetzung des Altarraumes sowie das von Wizany entworfene Altarkreuz, das Benedikt Förster aus Aachen umsetzte und mit einem gestifteten Elfenbein-Kruzifixus der 2013 verstorbenen Bildhauerin Edith Steinberg-Mannefeld versah. Darüber hinaus wurde die Krypta zugänglich gemacht. Alle Restauratoren, Professionisten und Handwerker haben die Pläne unter der Bautaktik von Daniel Bleierer in der Rekordzeit von nicht einmal einem Jahr umgesetzt. Der gemeinschaftliche Prozess war allerdings mühsam.

Abt und Mitbrüder beim Tischdienst

Wer aber im klösterlichen Leben und im Glauben fortschreitet, dem wird das Herz weit, und er läuft in unsagbarem Glück der Liebe den Weg der Gebote Gottes.

Regula Benedicti Prol 49

Der Abt ist immer der Abt, aber er muss auch immer der Mitbruder bleiben. Das ist gar nicht so einfach in einem traditionsgesättigten Land wie Österreich, in dem sich in alten Häusern sehr gern manch feudale Privilegien einschleichen. In einem Dienstaggespräch haben wir angesprochen, dass fünf Exemplare der führenden Salzburger Tageszeitung beim Frühstück aufliegen. Aber wir sind etwa zehn Mitbrüder, die gleichzeitig frühstücken. Die ersten nehmen die fünf Exemplare der Zeitung. Ein Mitbruder hat sich aber immer verpflichtet gefühlt, wenn ich später gekommen bin, eine Zeitung für den Abt zu reservieren. Entweder indem er andere darauf hingewiesen hat oder indem er mir selbst sein Exemplar gegeben hat. Ich sagte ihm: „Ich will das nicht. Wenn ich später komme und keine Zeitung frei ist, bin ich selbst schuld." Aber so schnell kann es gehen, dass sich solche Feudalstrukturen einfach einschleichen. Ich kann nicht sagen, ich will Bruder unter Brüdern sein, und mich dann so bevorzugt bedienen lassen. Das geht nicht.

Ich fand es spannend, dass bei der Krönung von Prinz Charles zum König am 6. Mai 2023 die Zeremonie in der Westminster Abbey mit der Frage eines Kindes – eines Chorknaben – begann: „Wozu bist du gekommen?" Die Antwort des Königs war: „Ich bin gekommen, um zu dienen, nicht um mich bedienen zu lassen." Nun kann man davon halten, was man will. Aber es ist zumindest liturgisch sehr eindrucksvoll. Und es hat eine jahrtausendealte Tradition – beim Sederabend in einer jüdischen Familie fragt auch das jüngste Mitglied am Tisch: „Warum machen wir das? Was unterscheidet diese Nacht von allen anderen Nächten?"

Zu meinem Dienst als Abt gehört, dass ich wie alle anderen Mitbrüder Tischdienst mache. Das haben meine Vorgänger seltener getan. Aber ich komme aus einer jüngeren Generation und es ist mir wichtig, dass ich diesen Dienst mache. Ich bin zwar aufgrund meiner vielfältigen Zusatzaufgaben viel außer Haus, aber soweit ich da bin, lasse ich mir das nicht nehmen. Ein wirkliches Privileg sind die schönen Amtsräumlichkeiten der so genannten Prälatur im Kloster, die ich als Abt bewohnen darf. Manchmal wird die Prälatur deshalb auch als Abtei bezeichnet. Ich schlafe in einem Bett, das ein durchaus wertvolles antiquarisches Möbelstück ist. Für fünf meiner Vorgänger war es das Sterbebett. Ich werde wohl nicht darin sterben, weil ich vermutlich nicht mehr im Amt sein werde, wenn es – entsprechend der heutigen Lebenserwartung – bei mir einmal ans Sterben geht. Es sei denn, ich erleide noch in meinen Amtsjahren im Schlaf einen Herzinfarkt o. ä. Schließlich sagt der heilige Benedikt ja in seiner Regel: „Den unberechenbaren Tod täglich vor Augen haben“ (RB 4,47).

Ich bin 2025, bei der nächsten Abtwahl, 58 Jahre alt. Da kann ich noch gut eine andere Aufgabe im oder für das Kloster übernehmen: Pfarrer in einer unserer Gemeinden, Wallfahrtsseelsorger in Maria Plain oder in Mariazell, Rektor im Kolleg St. Benedikt; oder ich kann in einem unserer Gutshöfe Dornbach, Wieting, Martinsbühel oder Pabenschwand mitwirken oder wissenschaftlich arbeiten – in Archiv, Bibliothek oder Kunstsammlungen. All das hat dann mein Nachfolger zu entscheiden. Falls ich aber noch einmal zum Abt gewählt würde, wäre ich wieder zwölf Jahre im Amt, ganz unabhängig davon, ob ich auf Zeit oder auf Lebenszeit gewählt würde. Denn 2037, nach zwölf Jahren, wäre ich 70 Jahre alt, also in dem Alter, mit dem die Amtszeit des Abtes in jedem Fall begrenzt ist. Über all das mache ich mir aber weniger Gedanken als manche andere. Das entscheidet der Konvent durch Wahl und ich bin zu allem bereit.

Der zehnte Jahrestag meiner Abtwahl am 30. Jänner 2023 war ein Montag (das ist mein „freier Tag“) und beinahe ein Tag wie jeder andere. Traditionell kommt an diesem Tag der Abt von Admont auf Besuch, weil Stift Admont eine Tochtergründung von St. Peter ist. Mit ihm feierten wir ein Pontifikalamt in der Stiftskirche und saßen beim dreigängigen Mittagsmenü im Kloster beisammen. In meinem Tagebuch ist über den zehnten Jahrestag meiner Wahl notiert: „Aufgestanden um 4.45 Uhr und nach dem Morgenprogramm um 5.45 Uhr Vigil, Laudes und Lectio, um 7.00 Uhr Pontifikalamt des Abtes von Admont, Gerhard Hafner, zu meinem 10. Wahltag. In seiner Predigt, die zwischen Weihnachten und Muttertag angesiedelt war, ging es um Mütterlichkeit und Geborgenheit. Das sind Eigenschaften, die man eher dem Prior als dem Abt zuspricht. Es traten mit auf: drei Admonter Kleriker, die den liturgischen Dienst stellten, die aber die St. Petrischen Consuetudines nicht wirklich kannten. Beim Frühstück sprachen Abt Gerhard und ich einige aktuelle Themen der Kirche und des Ordens an. Zwischen 9.30 Uhr und 12.00 Uhr saß ich ganz normal am Schreibtisch. 12.15 Uhr Mittagshore, dann Mittagessen (Leberreissuppe, Pfeffersteak und Esterhazytorte, Kaffee, Whisky aus Schliersee). Siesta. 16.30 Uhr bis 18.45 Uhr Sport und Sauna im Fitnessstudio. Um 20 Uhr sehe ich mit Stiftskapellmeister Peter Peinstingl in ‚das kino' den Film ‚Der Fuchs' von Adrian Goiginger. Ein sehr berührender Film aus der Generation meiner Eltern. Danach, um 22.30 Uhr, sofort Nachtruhe."

Vom Sorgetragen und Nicht-traurig-Machen

Als Cellerar des Klosters werde aus der Gemeinschaft ein Bruder ausgewählt, der weise ist, reifen Charakters und nüchtern. Er sei nicht maßlos im Essen, nicht überheblich, nicht stürmisch, nicht verletzend, nicht umständlich und nicht verschwenderisch. Vielmehr sei er gottesfürchtig und der ganzen Gemeinschaft wie ein Vater. Er trage Sorge für alles. Ohne Weisung des Abtes tue er nichts; an seine Aufträge halte er sich. Er mache die Brüder nicht traurig. Falls ein Bruder unvernünftig etwas fordert, kränke er ihn nicht durch Verachtung, sondern schlage ihm die unangemessene Bitte vernünftig und mit Demut ab.

Regula Benedicti 31,1–7

Im Großen und Ganzen ist die Benediktsregel sehr realitätsbezogen, wenn ich etwa an die Bestimmungen über den Cellerar (= Kämmerer oder Wirtschafter) denke oder über den Pförtner. Da sind – neben dem Kapitel über Einsetzung und Dienst des Abtes – Grundlagen einer Führungspersönlichkeit skizziert, die sehr deutlich sagen, worauf es ankäme. Der Cellerar ist heute vorrangig der Wirtschafter. In gewisser Weise ist er aber auch der gute Hausgeist, der für alle zu sorgen hat. Kapitel 31 der Regel ist ein umfassendes Führungsprofil, nicht nur auf der organisatorischen Ebene, nicht nur auf der Ebene des Managements, sondern auch in der Persönlichkeit.

Selbstverständlich kommt ein Cellerar und viel öfter noch der Abt auch einmal in die Situation, dass er einem Mitbruder etwas abschlagen muss. In einem Fall wollte ein Mitbruder eine Gebetsbruderschaft einrichten. Er war schon sehr alt und wollte noch irgendetwas Produktives tun. Seine Idee war, eine alte Bruderschaft an der Michaelskirche in Salzburg neu zu beleben. Es gab einen alten Bruderschaftszettel, auf dem Ablässe formuliert waren. Das war naturgemäß alles sehr vorkonziliar. Schließlich haben sich Leute außerhalb des Klosters und vorbei an unserem Mitbruder dieser Bruderschaft bemächtigt. Aber in ihrem Auftreten nach außen ist diese Bruderschaft noch immer unter dem „Label" St. Peter gelaufen. Das hat ein schlechtes Licht auf das Kloster geworfen, weil sich diese Gebetsbruderschaft sehr konservativ bis traditionalistisch entwickelt hat. Wir hatten nur Probleme. Es gab – was ich erst Jahre später erfuhr – sogar eine Anzeige gegen mich als Prior beim Nuntius, der allerdings mit seiner Erfahrung in solchen Fällen sehr vernünftig reagierte … und Gott sei Dank nichts unternahm. Schließlich musste ich diese Sache abdrehen, die weit in Europa verbreitet wurde. Es war notwendig, aber damit macht man sich keine Freunde.

Wie viel Scheitern ist in einem Kloster möglich? Benedikt spricht in seiner Regel davon, dass ein Mitbruder auch einmal überfordert sein könnte. Dabei geht es um Aufträge, die der Abt einem Mitbruder erteilt – und der will nicht oder kann nicht. Benedikt weiß, dass hinter einer dergestalt geäußerten Überforderung auch Vorwände und Ausreden stehen können. Aber er gesteht dem Mitbruder in jedem Fall zu, dass dieser in Demut seine Gründe darlegen und erläutern kann, warum er sich durch einen Auftrag des Abtes überfordert fühlt. Die Aufgabe des Abtes sei es dann, die Erfüllung des Auftrags nicht einfach nur einzufordern, sondern dem Mitbruder vor allem gut zuzureden: Hab Mut, trau dir das zu, dann schaut das Ganze vielleicht anders aus. Sperre dich nicht von Anfang an gegen einen Auftrag des Abtes. Benedikt sorgt für eine Optimierung des Verfahrens. Durch Nachdenken und Umdenken, durch die Möglichkeit, eine Sache auch ganz anders zu sehen, als sie auf den ersten Blick erscheinen mag. Benedikt ist sehr nüchtern und verstandesbetont. Das hebt ihn heraus aus den Heiligen, die sehr oft auf die Frömmigkeit und auf die Mystik bauen.

Oft hätten wir gern ein System, in dem einfach der Auftrag des Abtes ausgeführt wird. Aber die Geschichte zeigt, wie verhängnisvoll das sein kann. André Heller hat mit Traudl Junge, der Sekretärin von Adolf Hitler, die dessen Testament getippt hat, ein Interview geführt. Jahrzehnte später ist sie in München an dem Denkmal für die Geschwister Scholl vorbeigegangen und hat gesehen, dass diese genauso alt waren – oder gewesen wären – wie sie. Da ist es ihr heiß und kalt den Rücken hinuntergelaufen: Warum habe ich das alles nicht erkannt? So ähnlich geht es uns allen: Warum erkenne ich eine Situation nicht richtig?

Dem Abt ist es aufgetragen, durch Inspiration zu leiten. Das ist seine Anteilhabe am Prophetenamt.

Er muss sagen können, was notwendig ist. Dabei soll er Worte finden, die deutlich sind, aber nicht kränken. Dafür gibt es etwa die Kapitelansprachen in der Fastenzeit.

Von der Bodenständigkeit und vom Vagabundieren

Das Kloster soll, wenn möglich, so angelegt werden, dass sich alles Notwendige, nämlich Wasser, Mühle und Garten, innerhalb des Klosters befindet und die verschiedenen Arten des Handwerks dort ausgeübt werden können. So brauchen die Mönche nicht draußen herumzulaufen, denn das ist für sie überhaupt nicht gut.

Regula Benedicti 66,6–7

Benedikt warnt im ersten Kapitel seiner Regel vor den so genannten Sarabaiten und den Gyrovagen (RB 1,6–11), das sind zwei wenig überzeugende (Fehl-)Formen von Mönchen, die durch ihre Unbeständigkeit und ihre innere Unruhe eine Karikatur von veräußerlichtem Mönchtum sind. Mönchtum ist aber kein Herumvagabundieren, sondern eine stabile, verlässliche Lebensform. Im Kloster Benedikts soll alles, was notwendig zum Leben ist, innerhalb des Klosterareals angelegt sein. Mönche sind demnach sesshaft und keine Nomaden. Dies ist nicht in erster Linie wörtlich, sondern in einem übertragenen Sinn gemeint. Eigentlich geht es darum, Unruhe zu vermeiden. Die Mönche hetzen im Kloster nicht umher, sondern gehen gemessenen Schrittes ohne Hektik durch das Leben. Mönche nach der Regel Benedikts wollen und sollen ein geistiger Ruhepol sein, ein innerer Ort, von dem Gelassenheit ausgeht. Für unsere heutige, oft so ruhelose Zeit tut diese Gemessenheit und Gelassenheit gut. Das Kloster als Ort, aber auch der Mönch als Person sollte etwas Bodenständiges und Beruhigendes ausstrahlen.

Für jeden Mönch – auch für mich als Abt – ist es immer wieder eine Versuchung, sich zurückzuziehen und untätig zu sein.

Man kann Kloster als Ort der Ruhe, als Rückzugsort von der Hektik der Welt missverstehen. Für rastlose Menschen ist das ein Ort, der eine Verschnaufpause ermöglicht. Andererseits bin ich selbst ein ziemlich agiler Mensch, geradezu umtriebig – meinen zumindest einige meiner Mitbrüder. Genau diesen Bogen sollte man als Mönch schaffen: aktiv, aber nicht hektisch, gelassen, aber nicht untätig sein. Nach getaner Arbeit ist es auch legitim, sich auszuruhen. In der Schöpfungsordnung ist das der Schabbat.

Bodenständigkeit meint aber noch etwas mehr. Es meint nicht weniger und nicht mehr als das rechte Maß, die richtige Verhältnismäßigkeit. Das beinhaltet auch, dass etwas langfristig angelegt ist. Es meint ein gewisses Verhaftet-Sein mit der Scholle. Es ist das wirksamste Heilmittel gegen die Maßlosigkeit und Megalomanie. Ich brauche mich nicht größer machen als ich bin. Ich brauche mich aber auch nicht kleiner machen … ich habe Würde und dementsprechend auch ein Selbstbewusstsein. Mit dem Boden verhaftet sein bedeutet, dass ich einen Sinn für Realismus habe. Wenn ich von eben diesem Grund und Boden, diesem „Erbe" leben muss, dann muss ich auch zur Kenntnis nehmen, dass die Ressourcen begrenzt sind und ich mich nicht zu schnell und zu aggressiv vergrößern kann. Deshalb haben Benediktiner und Benediktinerinnen immer eher den Ruf, bewahrend, ja konservativ zu sein. Sie sind immer irgendwie „brav" und gehörten nie zu den theologischen „Falken". Bodenständig und bescheiden charakterisiert wohl am treffendsten ihr Wesen.

II.

MIT BENEDIKT MEHR MENSCH WERDEN

DAS RECHTE MASS, DIE MUTTER ALLER TUGENDEN

Damit die Schwachen nicht davonlaufen

Der Abt denke an die maßvolle Unterscheidung des heiligen Jakob, der sprach: „Wenn ich meine Herden unterwegs überanstrenge, werden alle an einem Tage zugrunde gehen." Diese und andere Zeugnisse maßvoller Unterscheidung, der Mutter aller Tugenden, beherzige er. So halte er in allem Maß, damit die Starken finden, wonach sie verlangen, und die Schwachen nicht davonlaufen.

Regula Benedicti 64,18–19

Es ist erstaunlich, wie Benedikt bei unterschiedlichsten Themen immer wieder von Neuem versucht, die maßvolle Mitte zwischen einem geregelten Klosterleben und der Persönlichkeit des einzelnen Mönchs zu finden. Es ist immer ein schmaler Grat zwischen starren Vorschriften und Nachlässigkeit oder Willkür. Benedikt geht in der Rücksicht auf den Einzelnen so weit, dass er nicht sagt, jedem das Gleiche, sondern jedem so viel, wie er nötig hat. „Wer Hilfe braucht, soll sie erhalten" (RB 53,20). Er spricht ganz klar an, wie leicht es in einer Gemeinschaft zu einem Ungleichgewicht, im schlimmsten Fall zu Unstimmigkeiten kommen kann. Daher ist wieder die Eigenverantwortung, die ehrliche Selbsteinschätzung jedes Einzelnen gefordert.

Eltern wissen ein Lied davon zu singen, wie schwierig diese Balance zu halten ist bei Zuteilungen an ihre Kinder, sei es von Kleinigkeiten oder letztendlich des Erbes. Jedem und jeder das Gleiche mag dabei ein hehrer Grundsatz sein, aber das ist schon allein aufgrund des unterschiedlichen Alters der Kinder wie auch ihrer unterschiedlichen Begabungen und Lebenswege kaum durchführbar. Es kann immer nur um das gehen, „was passt“. Und es ist immer mit dem Risiko verhaftet, dass der eine oder die andere sich benachteiligt fühlen könnte.

Aus den Coronajahren wissen wir, wie sehr beim Homeoffice die Verantwortung des Einzelnen gefragt war. Solange alle Mitarbeiterinnen und Mitarbeiter im Unternehmen anwesend waren, haben sich Aufsicht und Kontrolle, Gleichheit und Gleichzeitigkeit von selbst gegeben. Im Homeoffice musste der Vertrauensvorschuss von Vorgesetzten zwangsläufig höher sein. Und es war die Eigenverantwortung jedes Einzelnen stärker gefordert. Ein klarer Fall für Benedikts Balanceakt zwischen Ordnung und Freiheit, festem Regelwerk und dem, „was passt“. Die Freiheit hört dort auf, wo das Zusammenleben in der Klostergemeinschaft – oder in der Firma – dadurch gefährdet ist, dass der Einzelne sich zu viel herausnimmt; oder gar meint, sich etwas aufgrund seiner Position oder des Ansehens seiner Person herausnehmen zu dürfen.

Nicht jedem das Gleiche, jedem das Seine

Man halte sich an das Wort der Schrift: „Jedem wurde so viel zugeteilt, wie er nötig hatte.“ Damit sagen wir nicht, dass jemand wegen seines Ansehens bevorzugt werden soll, was ferne sei. Wohl aber nehme man Rücksicht auf Schwächen. Wer weniger braucht, danke Gott und sei nicht traurig. Wer mehr braucht, werde demütig wegen seiner Schwäche und nicht überheblich wegen der ihm erwiesenen Barmherzigkeit. So werden alle Glieder der Gemeinschaft im Frieden sein.

Regula Benedicti 34,1–5

Zum Kern der Benediktsregel gehört, dass der Mensch gottebenbildlich ist und jeder einzelne Mensch um seiner selbst willen von Gott geschaffen wurde. Niemand muss sich erst beweisen. Die Menschenwürde geht allem voraus. Daraus ergibt sich eine bedingungslose Gleichheit und Gleichwertigkeit aller Brüder ohne Ansehen der Person, wie Paulus das im Epheserbrief unterstreicht: „… denn ihr wisst, dass ihr im Himmel denselben Herrn habt, und bei ihm gibt es kein Ansehen der Person" (Eph 6,9). Dementsprechend sei es „ferne", so Benedikt, „dass jemand wegen seines Ansehens bevorzugt werden soll" (RB 34,2).

Grundsätzlich geht es Benedikt immer um *omnes* – „alle". Sr. Michaela Puzicha OSB weist in ihrem dreibändigen Standardwerk zur Benediktsregel darauf hin, dass Benedikt in seiner Regel dieses „Allerweltswort" knapp 70 Mal mit einer qualifizierten Bedeutung verwendet. *Omnes* meint hier nicht die Summe der Mönche, „sondern das Gefüge der einzelnen Menschen, die miteinander und unter Regel und Abt leben". Es geht also einerseits immer um die Gemeinschaft, andererseits aber auch immer um den Einzelnen, der nach seinen individuellen Fähigkeiten allen dienen soll. „Als eine der prägnantesten Aussagen der Regel spricht der Text die Unverwechselbarkeit eines jeden Mönchs an", schreibt Puzicha. „Damit ist wertfrei bestätigt, dass jeder der Brüder seine *Mos*, seine Lebensweise mitbringt, die durch Herkunft und Erziehung, Lebensführung und charakterliche Prägung seine Persönlichkeit, d. h. seine Individualität ausmacht." Es gehe um den jeweiligen Lebenszuschnitt, den die

Einzelnen haben, die Unterschiedlichkeit, die Mannigfaltigkeiten, die vielen Möglichkeiten, die jeder mitbringt und die seine Individualität prägen. „Die Fülle von Begabungen, Fähigkeiten und Kompetenzen, die mit den Mönchen zur Verfügung steht, soll wahrgenommen und eingebracht werden. Die unterschiedlichen *Mores* signalisieren zugleich die selbstverständliche Ungleichheit und Verschiedenheit der Mönche, die individuellen Interessen und charakterlichen Diversitäten."

Diversität, heute beinahe ein Modewort, wird in benediktinischen Klöstern seit Jahrhunderten gelebt. Das geht in scheinbar nebensächliche Details, wenn es heißt: „Der Abt sorge aber für das rechte Maß, dass die Kleider nicht zu kurz sind, sondern denen, die sie tragen, passen" (RB 55,8). Es geht Benedikt um das Passende, um das Angemessene, nicht jedoch um Individualität um jeden Preis, wie Michaela Puzicha feststellt: „Benedikt akzeptiert und fördert ausdrücklich die Individualität seiner Mönche und achtet auf die Situation eines jeden einzelnen, weist aber Individualismus, der zum Egoismus changiert, ab. Bei aller Rücksicht auf die einzelnen sieht Benedikt kritisch, dass der Mönch sich in den Mittelpunkt stellen könnte und seine Interessen ohne Berücksichtigung der gemeinschaftlichen Anliegen verwirklichen oder aber Zugeständnisse und Ausnahmen gegen vermeintliche Übergriffe der Gemeinschaft verteidigt sehen will. Die Hemmungslosigkeit eines ungezügelten Individualismus gefährdet nicht nur die Berufung des Mönches und zerstört sie zuletzt, sie verunstaltet das Ideal des gemeinsamen Lebens und verletzt die Glaubwürdigkeit des Mönchtums."

Nirgendwo sonst als in einem Kloster gilt mehr, dass die Freiheit des Individuums ihre Grenzen in der Freiheit der anderen hat. Das geht hin bis zu ganz banalen Fragen des Alltags. Ein Beispiel, das direkt aus dem Klosteralltag gegriffen ist, mag das illustrieren. Ein Mitbruder hatte den Wunsch, eine Katze als Haustier halten zu dürfen. Manche Mitbrüder konnten sich das gar nicht vorstellen, dass in der Klausur des Klosters ständig eine Katze herumschleicht. Die Meinungen waren tatsächlich 50 zu 50 geteilt. Ich habe dann gesagt, wir lassen die – letztendlich zwei – Katzen zu, aber nicht im zentralen Klostergarten, sondern in einem kleineren Nebengarten. Der Mitbruder kümmert sich um sie. Ob es die richtige Entscheidung war, darüber könnte man noch heute diskutieren. Aber es war sichtbar, dass es hier um ein sehr wichtiges Anliegen eines Mitbruders ging, das ich nicht ganz abschlagen wollte. Selbstverständlich schauten wir in gewissen Abständen darauf, ob es sich bewährte. In solchen Fragen darf es keine Verabsolutierungen geben. Das wäre genau nicht benediktinisch. Es geht hier an einem beinahe banalen alltäglichen Beispiel um diese Beweglichkeit, die die Regel des hl. Benedikt so grundlegend auszeichnet. Um diese Weite des Lebens und die Weite des Herzens. Gerne greife ich hier einen Gedanken auf, den Abtprimas Notker Wolf gerne geäußert hat: Man darf im Kloster manchmal auch so genannte „heilige Kühe“ schlachten … und manchmal muss man das auch tun.

Wieviel Wein darf sein?

Jeder hat seine Gnadengabe von Gott, der eine so, der andere so. Deshalb bestimmen wir nur mit einigen Bedenken das Maß der Nahrung für andere. Doch mit Rücksicht auf die Bedürfnisse der Schwachen meinen wir, dass für jeden täglich eine Hemina Wein genügt. Wem aber Gott die Kraft zur Enthaltsamkeit gibt, der wisse, dass er einen besonderen Lohn empfangen wird. Ob ungünstige Ortsverhältnisse, Arbeit oder

Sommerhitze mehr erfordern, steht im Ermessen des Oberen. Doch achte er darauf, dass sich nicht Übersättigung oder Trunkenheit einschleichen.

Regula Benedicti 40,1–5

Ein besonders köstliches Kapitel der Regel ist in diesem Zusammenhang jenes über das Maß eines alkoholischen Getränks. Da spürt man bei jedem Wort und jedem Halbsatz, wie Benedikt um einen lebbaren Ausgleich zwischen dem Ideal der Askese und den Bedürfnissen der Mönche ringt. Benedikt richtet seinen Blick immer auf die Menschen, die hier und jetzt da sind. Sie werden selbst mit ihren größten Schwächen angenommen. Es werden nicht alle über einen Kamm geschert. Jeder Einzelne ist ein Individuum und auch die Lebensumstände können sehr verschieden sein. Daher zeigt Benedikt sogar Hemmungen, überhaupt eine Regel für Essen und Trinken aufzustellen. Letztlich ringt er sich dazu durch, „dass für jeden täglich eine Hemina Wein genügt" (RB 40,3) – um gleich im nächsten Satz festzustellen, wer enthaltsam leben kann, ohne Wein, umso besser ... Übrigens bedeutet *Hemina* lediglich „Halbmaß" – wie viel aber das Ganze, also eine doppelte *Hemina* tatsächlich ist, ist bis heute eine in der Wissenschaft ungeklärte Frage. In der römischen Antike wäre es ein halber *Sextarius* und demnach 271 Milliliter. Doch darüber scheiden sich die Geister. Jedenfalls handelt es sich bei Benedikts *Hemina* um ein großzügiges Maß angesichts seines strengen Ideals, dass der Mönch eigentlich ganz auf Wein verzichten sollte.

Refrainartig geht es in der Benediktsregel um „das Notwendige". Das ist eine klare Abgrenzung gegen jeden Überfluss, aber auch gegen jede Askese um der reinen Askese willen. Es geht um das, was passt oder was der Einzelne braucht, damit ihm das

Mönchsleben nicht zu schwer wird und er nicht davonläuft. Das gilt beim Wein ebenso wie bei der Kleidung. Die Mönche sollen sich nicht über Farbe oder groben Stoff der Kleidungsstücke beschweren, sondern alles so nehmen, „wie es sich in der Gegend, wo sie wohnen, findet, oder was man billiger kaufen kann" (RB 55,7). Benedikt meidet vielfach eine bis ins Detail festgeschriebene Vorschrift. Einmal formuliert er sogar ausdrücklich: „Und so meinen wir" (RB 48,2). Dabei geht es um die Ordnung für die Arbeit und das Beten, die heilige Lesung. Diese Zeit wird entsprechend den Jahreszeiten von Ostern bis 1. Oktober anders aufgeteilt als zwischen 1. Oktober und der Fastenzeit. Nach dem Mittagessen sollen die Brüder „unter völligem Schweigen ruhen" (RB 48,5) – es sei denn, einer möchte lesen, dann soll er es aber so leise tun, dass er die anderen nicht stört.

Eine Grundbotschaft von Benedikt heißt, ein Regelwerk und das Zusammenleben im Kloster funktionieren nicht, wenn nicht jeder Verantwortung für sich selbst übernimmt. Benedikt führt hier als Beispiel die Fastenzeit an. „Der Mönch soll zwar immer ein Leben führen wie in der Fastenzeit. Dazu aber haben nur wenige die Kraft. Deshalb raten wir, dass wir wenigstens in diesen Tagen der Fastenzeit in aller Lauterkeit auf unser Leben achten … über die gewohnte Pflicht unseres Dienstes hinaus durch besonderes Gebet und durch Verzicht beim Essen und Trinken. So möge jeder über das ihm zugewiesene Maß aus eigenem Willen Gott etwas darbringen" (RB 49,1–2.5).

JEDER MENSCH DARF NEU BEGINNEN

Barmherzigkeit vor Strenge

Die Werkzeuge der geistlichen Kunst: Und an Gottes Barmherzigkeit niemals verzweifeln.

Regula Benedicti 4,74

Papst Franziskus hat 2015/2016 ein Jahr der Barmherzigkeit ausgerufen. Damit hat der Papst einen Begriff wieder ins Bewusstsein gerückt, den die Theologie der letzten Jahrzehnte weithin vergessen hatte. Die theologischen Lehrbücher hatten den Begriff der Barmherzigkeit tatsächlich ziemlich vernachlässigt. Ganz anders hingegen die Volksfrömmigkeit und die Liturgie! Und die Regel Benedikts! In der Bulle „Misericordiae vultus", in der Franziskus dieses „Heilige Jahr der Barmherzigkeit" ankündigte, schreibt er: „Barmherzigkeit ist das grundlegende Gesetz, das im Herzen eines jeden Menschen ruht und den Blick bestimmt, wenn er aufrichtig auf den Bruder und die Schwester schaut, die ihm auf dem Weg des Lebens begegnen. Barmherzigkeit ist der Weg, der Gott und Mensch vereinigt, denn sie öffnet das Herz für die Hoffnung, dass wir, trotz unserer Begrenztheit aufgrund unserer Schuld, für immer geliebt sind" (Kapitel 2).

Benedikt ist sich in seiner Regel immer bewusst, dass jeder Mensch die Erfahrung von Schuld und Versagen macht und in einer solchen Situation einen Neuanfang braucht, einen Menschen, der ihm sagt: Du darfst neu beginnen! Schau nicht zurück, sondern blicke nach vorn!

Was meint dieser Begriff „Barmherzigkeit" überhaupt? Jedenfalls kein unreflektiertes Nachgeben, kein billiges „Alles wird gut!". Was Barmherzigkeit aus biblischer Sicht ausdrückt, hat Walter Kardinal Kasper in seinem wegweisenden Buch „Barmherzigkeit" so formuliert: „Der wichtigste Ausdruck für das Verständnis von Barmherzigkeit ist *Hesed*, was unverdiente Gunst, Freundlichkeit, Huld, dann auch Gottes Gnade und Barmherzigkeit bedeutet. *Hesed* geht über bloße Rührung und die Trauer über die Not des Menschen hinaus und meint die freie, gnädige Zuwendung Gottes zum Menschen. Es handelt sich um einen Beziehungsbegriff, der nicht nur eine einzelne Handlung, sondern eine andauernde Haltung ausdrückt. Auf Gott angewandt drückt er ein über jedes gegenseitige Treueverhältnis hinausgehendes, unerwartbares und unverdientes Geschenk von Gottes Gnade aus, die alle menschlichen Erwartungen und menschlichen Kategorien sprengt."

Der Zöllner Matthäus wollte nach seiner Berufung durch Jesus ein großes Gastmahl für seine ehemaligen Arbeitskollegen geben, für Zöllner und Sünder, um sich zu verabschieden. Auf die Reaktion der Pharisäer, die sich anscheinend über jeden Fehler erhaben dünkten, antwortet Jesus: „Nicht die Gesunden bedürfen des Arztes, sondern die Kranken. Geht und lernt, was es heißt: Barmherzigkeit will ich, nicht Opfer. Denn ich bin nicht gekommen, um Gerechte zu rufen, sondern Sünder" (Mt 9,12–13).

Was bedeutet dieser Satz, den Jesus aus dem Buch des Propheten Hosea zitiert? Die Liebe, von der hier gesprochen wird, meint die Liebe, die Gott dem Menschen schenkt. Barmherzigkeit will ich, nicht Opfer, bedeutet demnach: Ich möchte Barmherzigkeit üben und nicht verurteilen. Eine Parallele dazu findet sich auch beim Propheten Ezechiel: „So wahr ich lebe – Spruch GOTTES, des Herrn –, ich habe kein Gefallen am Tod des Schuldigen, sondern daran, dass ein Schuldiger sich abkehrt von seinem Weg und am Leben bleibt“ (Ez 33,11). Gott hat demnach nicht die Absicht, sein Geschöpf zu opfern, sondern er will es retten. Durch diese Klarstellung wird auch die Hosea-Stelle verständlicher: Gott möchte kein Opfer um jeden Preis, so als ob es ihm gefiele, uns leiden zu sehen. Gott möchte nur jenes Opfer von uns, das nötig ist, um ihn zu lieben und seine Gebote halten zu können. „Es gibt keine Liebe ohne Schmerz“, heißt es in der „Imitatio Christi“ des Thomas von Kempen und die alltägliche Erfahrung bestätigt uns das auch: Es gibt keine Liebe ohne Opfer. In diesem Sinn ermahnt uns Paulus dazu, unser ganzes Leben „als lebendiges, heiliges und Gott wohlgefälliges Opfer darzubringen – als euren geistigen Gottesdienst“ (Röm 12,1).

Opfer und Erbarmen sind also beide gut, aber sie können sich in ein Übel verkehren, wenn sie schlecht zugeordnet werden. Sie sind gut, wenn man – wie es Jesus getan hat – für sich selbst das Opfer wählt und für den anderen das Erbarmen. Sie werden aber zu etwas Bösem, wenn man das Gegenteil tut: Wenn man für sich selbst Erbarmen und Mitleid wählt, für den anderen aber das Opfer; wenn man sich selbst gegenüber nachgiebig ist und gegenüber dem anderen unnachgiebig; wenn man stets dazu bereit ist, sich selbst zu entschuldigen und über andere aber ein unbarmherziges Urteil zu fällen. Ertappen wir uns dabei selbst? Gibt es wirklich nichts, was wir bei uns selbst, in unserem Verhalten ändern sollten?

Benedikt weiß um diese Gefahr und spricht daher dem Abt ins Gewissen: „Immer gehe ihm Barmherzigkeit über strenges Gericht, damit er selbst Gleiches erfahre“ (RB 64,10).

EIN KANON FÜR DAS GUTE LEBEN

Die sieben Werke der Barmherzigkeit gehören zu den weniger bekannten Werten im Glaubensdepot des Christentums. Sie gehen auf eine Erzählung im Matthäusevangelium zurück. In der Benediktsregel spiegeln sich vor allem zwei dieser Werke sehr ausführlich wider: die Fremden aufnehmen und für die Kranken und Schwachen sorgen. Ich halte mich hier im Wesentlichen an den Theologen und Publizisten Fulbert Steffensky, der die Werke der Barmherzigkeit neu für den Glauben in einer säkularen, pluralistischen Gesellschaft interpretiert.

Die Hungrigen speisen

Die Werkzeuge der geistlichen Kunst:
Arme bewirten.

Regula Benedicti 4,14

Die Werke der Barmherzigkeit sind nicht nur moralische Akte, es sind direkte Begegnungen mit Jesus, der sagt: „Was ihr für einen meiner geringsten Brüder getan habt, das habt ihr mir getan“ (Mt 25,40). Daran orientieren sich die sieben Werke der Barmherzigkeit. Das erste, die Hungrigen speisen, bezieht sich darauf, was jeder Mensch zum Essen braucht. Jedem steht das rechte Maß zu, wie es Benedikt sehr anschaulich im Kapitel „Das Maß der Speise“ (RB 39) beschreibt.

„Denn ich war hungrig, und ihr habt mir zu essen gegeben“ (Mt 25,35), lautet das erste Werk der Barmherzigkeit. Die größte

Armut ist der Mangel an Nahrung. Dem Hunger gilt deshalb die erste Aufmerksamkeit Gottes, und so heißt es in der Bergpredigt: „Selig, die ihr jetzt hungert, denn ihr werdet gesättigt werden" (Lk 6,21). Die Hungernden werden nicht seliggepriesen, weil sie fromm sind, weil sie den rechten Glauben haben oder besser sind als andere. Sondern weil ihnen das Grundmittel zum Leben verweigert wird, das Brot, und weil sie gesellschaftlich verachtet sind.

Im Abschlussdokument der Generalversammlung der Lateinamerikanischen Bischofskonferenz 1979 in Puebla heißt es: „Die Armen verdienen ein vorrangiges Augenmerk, ungeachtet ihrer moralischen und persönlichen Befindlichkeit. Geschaffen nach Gottes Bild und Gleichnis, um seine Kinder zu sein, wird dieses Bild verdunkelt und verhöhnt. Gott übernimmt es, sie zu verteidigen, er liebt sie." Zu den Werken der Barmherzigkeit gehört immer ein Drohruf gegen die, die sie unterlassen. Hier sind es die gemachten Leute, die den hungernden Christus übersehen. Jesus sagt zu ihnen: „Denn ich war hungrig und ihr habt mir nichts zu essen gegeben" (Mt 25,42).

Das Evangelium erlaubt keine Neutralität. Es stellt jede und jeden vor diese Frage: Auf welcher Seite stehst du? Für wen stehst du auf? Mit welchem Interesse schweigst du? Was ist dir wichtiger? Dienst du Gott oder Götzen? Aber die Bibel ist nicht dazu da, um ein schlechtes Gewissen zu machen, sondern um ein Gewissen zu machen. Das eigene Gewissen lernen heißt auch, Ungeduld und Zorn lernen über Zustände, in denen die einen überfressen sind und die anderen hungern. Zorn ist die Gabe derer, die sich nicht abfinden und die das Brot der Armen vermissen.

Es gibt eine Voreingenommenheit, die eine Bildung des Herzens ist. Sie öffnet die Augen und lässt uns das Brot der Armen vermissen. Wer nicht voreingenommen ist von dem Wunsch nach Gerechtigkeit, der nimmt das Leiden der Gequälten nicht einmal wahr. Ein Südamerikabesucher kann wundervolle Strände sehen, betörende Sonnenaufgänge erleben, ohne hungernde Straßenkinder wahrzunehmen. Nein, emotionale Neutralität bringt kein klares Urteil. Das gebildete Herz ist nicht neutral, es fährt auf, wenn es das Recht verraten sieht. Der Zorn ist eines der Charismen des Herzens. Er ist eine der Eigenschaften Gottes, der nicht duldet, dass Menschen verhungern und dass seine Welt gequält wird. Dieser Zorn will niemanden vernichten. Er will bekehren. Der gerechte Zorn verurteilt die Tat, aber bejaht den Täter und will ihn zur Veränderung locken. Er gibt ihm „das Recht, ein anderer zu werden", wie ein Buchtitel von Dorothee Sölle lautet.

Die Durstigen tränken

Die Werkzeuge der geistlichen Kunst:
Bedrängten zu Hilfe kommen.

Regula Benedicti 4,18

Die Austrocknung des Bodens schreitet weltweit voran. Wüsten wachsen durch die von Menschen gemachte Erwärmung des Klimas. Wälder werden abgeholzt, Wasser wird knapp, weil immer größere Flächen mit immer mehr Vieh überweidet werden, um den Fleischkonsum in den Industrienationen zu befriedigen.

Es gibt Ströme von Wasserflüchtlingen. Experten sagen Kriege um Wasser voraus. Wasser könnte in die Hände skrupelloser Profiteure geraten. Der Anfang ist gemacht: In manchen Regionen der Welt sind Menschen darauf angewiesen, Wasserflaschen von Firmen zu kaufen, die Raubbau am Grundwasser betrieben haben.

Die Werke der Barmherzigkeit haben einen politischen Namen: Gerechtigkeit. Gerechtigkeit ist strukturell gedachte Liebe. Eine solche Liebe weiß, was der Markt und die Ökonomie den Menschen antun können. Solidarität ist die Haltung, die die Bedingungen und die Strukturen des menschlichen Lebens bedenkt.

Zwischen Nächstenliebe und Solidarität besteht ein Unterschied in der Pointierung, nicht aber im Wesen. Solidarität ohne Liebe in rein moralisch-politischer Mechanik wird leer. Liebe ohne Intelligenz, Liebe ohne den Blick für Recht und Unrecht wird blind und hilflos. Die Kirchen wissen um diesen Unterschied. Sie nehmen mehr und mehr ihre prophetische Aufgabe wahr, in verblendeten Zeiten störrisch auf dem Willen Gottes zu bestehen. Es ist ein „geistliches Werk der Barmherzigkeit", die Sünder zurechtzuweisen.

Fremde beherbergen

Alle Fremden, die kommen, sollen aufgenommen werden wie Christus; denn er wird sagen: „Ich war fremd, und ihr habt mich aufgenommen."
Vor allem bei der Aufnahme von Armen und Fremden zeige man Eifer und Sorge, denn besonders in ihnen wird Christus aufgenommen. Das Auftreten der Reichen verschafft sich ja von selbst Beachtung.

Regula Benedicti 53,1.15

Die Fremde, der Gast, der aus seiner Heimat Verjagte, die vor dem Hunger Geflohene – wer sehen kann, erkennt in ihnen die Gesichtszüge Christi: Was ihr einem oder einer von diesen Geringsten getan habt, das habt ihr mir getan (vgl. Mt 25,40). Die Kirchen haben sich von diesem Jesus-Wort verlocken lassen: Sie arbeiten gegen die Fremdenfeindlichkeit. Das macht sie zu einem Haus, in dem man wohnen kann.

In dem bayerischen Dorf, in dem ich aufwuchs, kannte man praktisch keine Fremden. Es gab keine Ausländer, fast alle waren katholisch, man kannte nur das Christentum und keine Sexualität als die offiziell gebilligte, keine andere Form der Kindererziehung als die übliche und keine andere Weise des Kochens als die immer schon gewohnte. Es lebte sich gut in diesem Dorf, wenn man dazugehörte.

Das war ein Problem. Man weiß nur, wer man ist, wenn man auf den Reichtum der Fremden stößt.

Und natürlich bedroht der Glaube an die eigene Einzigartigkeit all jene, die nicht sind wie man selbst. Die eigene Art für die allein seligmachende zu halten, birgt immer die Gefahr, andere Lebensarten zu verachten oder gar auszurotten. Die dumpfeste, geistloseste und tödlichste Zeit war die Nazi-Zeit mit ihrem Rassismus, ihrem Glauben an die nordische Herrenrasse, ihrer Verfolgung aller Abweichler und aller, die den verordneten Glauben an die Götzen Führer, Volk und Vaterland nicht teilten.

Es gehört also zum Reichtum und zur Schönheit des menschlichen Lebens, die Fremden und das Fremde zu ertragen, zu beherbergen, sich damit auseinanderzusetzen, davon zu lernen und damit im Eigenen gewisser zu werden. Ganz leicht ist das nicht. Das Fremde ängstigt auch. Alles, was ist wie wir selbst, ist uns vertraut und berechenbar. Man braucht sich der Zurückhaltung oder gar der Angst vor dem Fremden nicht zu schämen, sie ist natürlich.

Der Mensch ist nicht von Natur aus fremdenfreundlich. Das stellen wir nicht erst fest, seit Menschen anderer Kontinente und Hautfarben bei uns Schutz und Herberge suchen. Wer kennt nicht aus alten Zeiten die Feindschaft zwischen Dörfern, die kaum einen Kilometer auseinanderliegen, die Verachtung der Bayern den Preußen gegenüber (und umgekehrt), den scheelen Blick der Katholiken auf die Protestanten (und umgekehrt)? Menschen wollen Grenzen zwischen sich und dem Fremden. Vielleicht hat dies sogar einen Sinn. Grenzen vergewissern uns dessen, wer wir sind und wer wir nicht sind. Die Frage ist aber, ob die Angst uns so weit bringt, dass wir anderen das Lebensrecht absprechen.

Nackte bekleiden

Die Werkzeuge der geistlichen Kunst:
Nackte bekleiden.

Regula Benedicti 4,15

Die erste Güte, die Menschen nach ihrer Geburt erfahren: Sie werden gestillt, und sie werden bekleidet. Nacktheit ist wohl die tiefste Form der Verletzlichkeit und der Wehrlosigkeit. Jemanden bekleiden heißt, jemanden am Leben erhalten. Wie bekleiden wir unsere Kinder, dass sie leben können, dass sie ihre Lebenshäuser als warme und bewohnbare Stätten erleben? Wo wärmen sich unsere Kinder an der alten Sprache, die uns sagt, dass das Leben gut ist; dass Gott es in seiner Hand hält und dass nichts in eisige Abgründe stürzt?

In Erich Kästners Roman „Das doppelte Lottchen“ hat ein raffinierter Plan der Zwillingskinder die getrennt lebenden Eltern wieder zusammengebracht. Sie überlegen, ob sie dem Wunsch der Mädchen folgen und zusammenbleiben können. Diese warten während des Gesprächs voller Angst und Hoffnung vor dem Zimmer, und eines sagt zum anderen: „Wenn wir jetzt doch beten könnten!“ Aber es fällt ihnen nur das Gebet ein: „Komm, Herr Jesus, sei du unser Gast und segne, was du uns bescheret hast!“ Damit hatten sie noch eine letzte Erinnerung an das Gebet, an die große Sprache der Wünsche, die ausgreift bis ins Land des Gelingens und die in störrischem Trotz mehr verlangt, als die Gegenwart bietet.

Wie hilft der Glaube den Kindern leben? Eigentlich nicht anders als Erwachsenen. Kinder sind Menschen mit Ängsten und Wünschen. Sie müssen Angstlosigkeit und Lebensvertrauen lernen. Einmal erzählte mir eine junge Frau von ihren kleinen Kindern und sagte dann: „Mein Glaube ist im Laufe der Jahre brüchig geworden. Aber eines kann ich noch: Ich zeichne den Kindern jeden Abend ein Kreuz auf die Stirn und sage zu jedem: Gott behüte dich.“ Die junge Frau bedeckt ihre Kinder am Abend mit einem Zeichen, an das ihre Hand mehr glaubt als ihr Herz. Weil sie ihre Kinder liebt, liefert sie sie nicht nackt den kalten Nächten aus.

Ich bewundere die Demut dieser Frau, die ihre eigene Glaubenskargheit nicht zum Maßstab für das macht, was sie ihren Kindern erzählt. Der Hunger der Kinder öffnet ihr den Mund für das, was sie selbst kaum sagen kann. Der Hunger der Kinder baut an ihrer Sprache. Sie lernt den Glauben, indem sie das kleine Zeichen des Glaubens wagt.

Kranke pflegen

Die Sorge für die Kranken muss vor und über allem stehen: man soll ihnen so dienen, als wären sie wirklich Christus; hat er doch gesagt: „Ich war krank, und ihr habt mich besucht“, und: „Was ihr einem dieser Geringsten getan habt, das habt ihr mir getan.“
Daher sei es eine Hauptsorge des Abtes, dass sie unter keiner Vernachlässigung zu leiden haben.

Regula Benedicti 36,1–3.6

Barmherzig zu sein zu dem Leben, das sich nicht mehr selbst versorgen kann, liegt nicht in der Natur des Menschen. Es gab genug Gesellschaften, die Schwache und Lebensunfähige schlicht ausgestoßen haben, bis zur „Vernichtung lebensunwerten Lebens“. Das NS-Regime war die menschenverachtende Ausgeburt dieser Haltung. Es war auch nie selbstverständlich, dass man alle Kranken pflegte. Noch heute werden in manchen Gesellschaften zwar die Kranken der eigenen Familie versorgt. Wer aber nicht zur Sippe gehört, bleibt auf der Strecke.

Zur wundervollen Humanität Jesu gehört seine Art, Grenzen zu durchbrechen: zwischen „unseren“ Kranken und den anderen, zwischen „unseren“ Leuten und den Fremden, zwischen Männern und Frauen, zwischen Gerechten und Sündern, zwischen Juden und Heiden. Die Angst errichtet Grenzen, die Güte hebt Grenzen auf.

Wundervoll sind auch die Kirchen, die sich in den Werken der Barmherzigkeit diesen Geist Christi zum Grundgesetz gemacht haben. Immer wieder haben Einzelne oder Gruppen gehört, was Christus sagte: „… ich war krank und ihr habt mich besucht“

(Mt 25,36). Orden haben sich der Pflege der Kranken und damit der Absicht Christi verschrieben: Kamillianer, Lazaristen, Kreuzschwestern, Barmherzige Brüder. Sie haben getan, was die Gesellschaft vernachlässigte.

Mit manchen Krankheiten kann man sich in der Gesellschaft sehen lassen: Der Herzinfarkt scheint dem Ansehen des Arbeitswütigen nicht zu schaden und das Magenleiden nicht dem Manager. Eine psychische Krankheit aber oder Aids betrachtet die Gesellschaft eher als Verschlusssache. Diese Kranken sollen einem nicht unter die Augen kommen. Aber der Mensch braucht die Öffentlichkeit wie das tägliche Brot. Man muss sich zeigen dürfen. Man kann sich allein in der eigenen Krankheit nicht annehmen. Darum schulden wir den Menschen die Öffentlichkeit unseres Blickes.

Dass Menschen eigene oder fremde Krankheit nur schwer annehmen können, hat auch mit der unseligen Verbindung von Krankheit und Schuld zu tun. Als die Jünger auf einen blind Geborenen treffen, fragen sie Jesus: „Rabbi, wer hat gesündigt? Er selbst oder seine Eltern, sodass er blind geboren wurde?" (Joh 9,2). Wenn eine Schuld festgestellt werden kann, scheint die Krankheit gerecht und das Leben wieder recht. Auf die Frage der Jünger antwortet Jesus: „Weder er noch seine Eltern haben gesündigt, sondern die Werke Gottes sollen an ihm offenbar werden" (Joh 9,3). Jesus heilt den Blinden. Er schaut nicht nach hinten, nach Grund und Ursache. Das tröstet und heilt niemanden. Er schaut nach vorne: Die Fesseln der Krankheit sind nicht das Letzte, was zu sagen ist. Ein tröstlicher Satz, wenn wir auch nicht wissen, wie er wahr wird.

„Die Werke Gottes sollen an ihm offenbar werden" – das Versprechen dieses Satzes hat in der Tradition einen wundervollen Ausdruck gefunden: die Krankensalbung. In der Salbung wird dem Kranken das Unerledigte, das Zerbrochene und Zersplitterte seines Lebens bedeutet. Es ist ein realistischer Akt, der an den Zerstörungen des Lebens nicht vorbeisieht zugunsten einer trügerischen Harmonie. Und es ist ein kühner Akt, der eine Zusammenfügung des Zersplitterten verspricht. Die Geste sagt: Gott lässt niemanden in eisige Abgründe stürzen, auch die Stürzenden nicht.

Gefangene besuchen

Die Werkzeuge der geistlichen Kunst: Und keinem anderen antun, was man selbst nicht erleiden möchte.
Bedrängten zu Hilfe kommen.

Regula Benedicti 4,9.18

Jesus fragt nicht, ob Menschen zu Recht oder zu Unrecht gefangen sind. Er stellt fest: „… ich war im Gefängnis und ihr seid zu mir gekommen" (Mt 25,36). Oder aber drohend: „… ich war krank und im Gefängnis und ihr habt mich nicht besucht" (Mt 25,43). Konkret gesagt: Ich war Anders Breivik, der auf einer Insel in Norwegen 69 Kinder und Jugendliche umgebracht hat, und ihr habt mich besucht! Oder: Ich war ein Kinderschänder, und ihr habt mich nicht besucht! Schuldige besuchen – verachtet das nicht die Opfer, verniedlicht es nicht die Schuld? Die ungezähmte Natur des Menschen fordert Rache. Wer den Leib oder die Seele unserer Kinder verdirbt, soll büßen. Wer getötet hat, soll leiden.

Jesus ist nicht der Erste, der den natürlichen Vergeltungsgelüsten widerspricht, aber er tut es am gründlichsten – mit dem Gedanken der Gnade, der unserer Natur nicht geläufig ist. Er erzählt in vielen Geschichten und zeigt an Beispielen, dass der Mensch nicht eingekerkert ist in das Gefängnis seiner Vergehen. Die Evangelien sind voll von Freilassungsgeschichten: Die Ehebrecherin, die nach dem Gesetz sterben soll, wird freigelassen. Mit Zachäus, dem Zöllner, der mit Recht verachtet wird, weil er die Leute ausgebeutet hat, isst und trinkt Jesus und sagt ihm so, dass er nicht Beute seiner verfehlten Vergangenheit bleibt. Provokativ wird erzählt, dass sein eigentlicher Ort die Gemeinschaft mit den Sündern und Zöllnern, mit den Fressern und Säufern und anderen Ausgestoßenen der Gesellschaft war. Wir haben die Geschichten gehört und im Hören gesäubert, dass wir die Fresser, Säufer und Betrüger für ganz nette Kerle halten. Aber sie waren so wenig nett, wie die Fresser, Säufer und Betrüger es heute sind.

Der Kern des Evangeliums ist der Gedanke der Gnade. Sie ist die Absicht Gottes, die Jesus in diesen Geschichten zeigt. Es ist keine billige Gnade, denn die Schuld des Menschen wird nicht kleingeredet. Gott vergibt, aber er befreit nicht von den Folgen der Verbrechen. Er lässt Menschen leben und lässt sie neu anfangen, beladen mit der Last ihrer Untat. Die Schuldigen sind Gesegnete und Geschlagene zugleich. Gott hält Menschen für mündig, darum auch für schuldmündig. Wir sind Menschen mit Gewissen und mit der Fähigkeit, unser Leben zu verspielen. Sünde und Schuld sind keine Ausdrücke, die uns erniedrigen. Sie sagen etwas über die Größe des Menschen. Je ernster man sich selbst nimmt, umso ernster nimmt man auch seine Sünde und seine Schuld.

Eine Gesellschaft darf sich vor Straftätern schützen. Doch vor Gott ist der Mensch gnadenverdächtig. Gnade kann also nicht nur gedacht werden für den Fall, dass ein Straftäter kein Risiko für die Gesellschaft mehr ist. Sie muss von dem Moment an mitgedacht werden, ab dem dem Täter das Handwerk gelegt ist. Ob eine Gesellschaft den jesuanischen Gnadengedanken konsequent verfolgen kann, weiß ich nicht. Es ist wie mit der Bergpredigt: Sie ist unmöglich und unentbehrlich. Aber sicher ist, dass die Gesellschaft zu einer barbarischen Horde wird, wo Gnade nicht ein ständiges Regulativ wird; wo sie nicht ihre Gerichte, ihre Urteile, ihre Gefängnisse, ihre Strafmechanismen vom Gnadengedanken her infrage stellen lässt.

Am deutlichsten wird dies beim Ruf nach der Todesstrafe. Gelegentlich überfällt uns der Wunsch danach, wenn beispielsweise Kinder geraubt und in Kinderbordelle gesteckt werden. Aber das Evangelium bindet uns die Hände und reinigt unsere Wünsche. Es erlaubt keine Lösung, bei der die Kerker endgültig verschlossen bleiben. Es erlaubt kein „lebenslänglich". Dies gegen das eigene Herz zu glauben, auch das hieße Gefangene besuchen.

Tote begraben

Die Werkzeuge der geistlichen Kunst: Tote begraben. Trauernde trösten.

Regula Benedicti 4,17.19

Es gab noch nie eine Kultur ohne Sorge für die Toten. Es bildeten sich Bruderschaften, die sich der Beerdigung und des Gedächtnisses der Toten annahmen. Zu deren Aufgaben gehörte das Begräbnis mittelloser, verfemter und hingerichteter Personen. Zu diesem Werk der Barmherzigkeit gehörte die Sorge für ihre Seele. So entwickelte sich ein Armeseelenkult, der besonders in katholischen Gegenden heute noch zu finden ist. Unbeerdigt bleibt in unserer heutigen Gesellschaft niemand, aber vergessen werden viele. Wer human leben will, muss die Namen der Toten kennen, muss wissen, was ihnen gelungen und misslungen ist. Dies gilt nicht nur für die Toten aus dem Kreis der eigenen Verwandtschaft.

In allen Kulturen gibt es die Grundabsicht, die Toten heimzuholen und sie nicht in fremder Erde begraben sein zu lassen. Sie heimholen heißt, ihrer gedenken. Das Gedächtnis der Toten lässt sie noch einmal bei uns sein und macht ihren Tod zu einem Erbe und zu einer Pflicht. In lateinamerikanischen Basisgruppen erzählen sich die Bauern das Schicksal der von den Großgrundbesitzern Ermordeten. Die Gruppe antwortet auf die Erzählung mit dem Ruf: *Presente!* Sie sind hier.

Zwei Dinge muss man von den Toten wissen. Was sie gelitten und was sie geträumt haben. Dieses Wissen stiftet Heimat. Denn Heimat ist der Ort der gehäuften Erinnerung. Zu dieser Erinnerung gehört alles, was den Toten angetan und vorenthalten wurde. Heimat ist der Ort der Erinnerung an die Toten, und die Erinnerung an die Toten stellt Heimat her. Heimat ist also nicht der Ort der ungetrübten Harmonie, sondern der Erinnerung an Lebensgelingen und Lebensverlust, der Ort, an dem die Toten einen Namen haben.

Das siebte Werk der Barmherzigkeit ist auch Barmherzigkeit den Lebenden selbst gegenüber. Komme ich in das Dorf meiner Kindheit, ist es auch immer eine Rückkehr zu den Toten. Ich gehe auf den Friedhof. Dort liegen meine Eltern, Verwandte und Bekannte. Inzwischen kenne ich auf dem Friedhof mehr Menschen als in dem Dorf, in dem ich geboren bin. Ich bin mit ihnen verbunden, denn die, derer ich mich dort erinnere, haben mir zum Leben verholfen.

Heinrich Böll hat kurz vor seinem Tod einen Text für seine Enkeltochter Samay geschrieben. Er stand dann auf seiner Todesanzeige:

Wir kommen weit her,
liebes Kind,
und müssen weit gehen.
Keine Angst,
alle sind bei Dir,
die vor Dir waren.
Deine Mutter,
Dein Vater
und alle, die vor ihnen waren,
weit weit zurück.
Alle sind bei Dir,
keine Angst.
Wir kommen weit her
und müssen weit gehen,
liebes Kind.

Die Erinnerung an die Toten beheimatet uns: Wir haben uns das Leben nicht selbst gegeben. In unser Leben ist hineingestrickt all die Zuneigung und Zärtlichkeit der Menschen, derer wir uns erinnern. Jeder Mensch, der mir nahe ist und der vor mir stirbt, zieht einen Pflock heraus aus dem Zelt meines eigenen Lebens. Er löst mir die Hand, die sich ins Leben krallen will. Spätestens als meine Eltern starben, wusste ich, dass ich sterblich bin. Jeder der Freunde, die gestorben sind, sagt mir: Was ich gekonnt habe, das wirst auch du können – sterben. So ist das Gedächtnis der Toten eine Lehre, die uns vor dem Trug der eigenen Unsterblichkeit befreit.

WEITE DES LEBENS, WEITE DES HERZENS

Ein Betriebssystem für Mönche und Laien

In Tegernsee wurden 2023 fünf Äbte und eine Äbtissin eingeladen, um an den Fastensonntagen einen weiten Bogen zu spannen zum fast uferlosen Thema „benediktinische Spiritualität". Ich habe das Thema „Weite des Lebens – Weite des Herzens" gewählt. Auch wenn in Tegernsee heute keine Abtei mehr besteht, so spürt man doch noch deutlich, dass man sich auf benediktinischer Erde befindet. *Terra Benedictina – Terra benedicta*, was so viel heißt wie „benediktinische Erde – gesegnete Erde". Und ich darf das noch erweitern: benediktinisches Erbe – gesegnetes Erbe!

Die Benediktsregel, die Europa für weit mehr als ein Jahrtausend deutlich geprägt hat, kann man als eine Art Betriebssystem bezeichnen, das in seiner Wirkgeschichte Tausenden von Mönchen und Nonnen, aber auch Männern und Frauen, die auf der Suche nach Gott sind, Anleitung und Orientierung gab und gibt. Die Suche nach Gott war und ist ausschließlich das Grundmotiv benediktinischer Spiritualität. Es ist die Sehnsucht und der Durst nach mehr als nur Erfolg, Wohlstand, Gesundheit oder Sicherheit. Was den meisten Menschen an unseren benediktinischen Klöstern auffällt ist, dass es dieses Lebensmodell schon seit gut 1500 Jahren gibt. Noch immer folgen Mönche und Nonnen dieser Regel, die – sieht man von einigen zeitbedingten Erscheinungsformen ab – in sich die Kraft besitzt, sich situationsgerecht den Herausforderungen des Lebens zu stellen.

Wie ist das möglich? Benedikt war stets ein Suchender und ein Lernender. Er hat seine Erfahrungen immer wieder in sein

Handeln mit einbezogen. Eine wesentliche Erkenntnis war auch, dass er mit den Schwachen und den Schwächen seiner Mitbrüder rechnen musste. So hat er seine Regel nie als Rechtssatzung absolut gesetzt, sondern immer wieder seine Erfahrungen und Erkenntnisse eingearbeitet oder ergänzt. Die Regel Benedikts ist eben kein engmaschiger oder gar kleingeistiger Gesetzestext, der das Leben einschränkt und für sich Absolutheit beansprucht. Sie ist vielmehr ein praktikabler Kompromiss, der Zeugnis ablegt von einer Offenheit und Weite im Denken und Empfinden Benedikts. Trotz offensichtlicher Defizite, trotz aller Schwächen ermöglicht diese Regel gemeinschaftliches Leben.

Diese Weite des Lebens hat Benedikt auch die Weite des Herzens gelehrt. Papst Gregor d. Gr. wird in seiner Vita Benedikts feststellen: „Er schrieb eine Regel für Mönche, ausgezeichnet durch maßvolle Unterscheidung und wegweisend durch ihr klares Wort. … Der heilige Mann konnte gar nicht anders lehren, als er lebte." Benedikt hat also glaubwürdig und authentisch diese Weite gelebt. Er hat sie sich nicht nur selber genehmigt, sondern sie auch anderen zugestanden. Das ist meines Erachtens die große Erkenntnis Benedikts, dass man bei aller Treue zum Evangelium stets auch Rücksicht auf die Schwächen des Menschen nehmen muss. Es nützt eben nicht, wenn ich das beste Gesetz oder die strengste Regel habe, diese aber nicht lebbar ist. Dazu braucht es eine Weite des Lebens und eine Weite des Herzens!

Nicht nur die Begabten und Befähigten sind für das Gelingen von Gemeinschaft verantwortlich. Der Mönch Benedikts lebt eben nicht nur unter dem strengen Joch eines Gesetzes. Er lebt vielmehr „unter Regel und Abt" (RB 1,2). Das bedeutet, dass das Gesetz nicht absolut ist, sondern der lebendigen Interpretation durch den Abt bedarf. Das heißt aber nicht, dass der Abt einfach tun und lassen kann, was ihm gut und opportun scheint. Im

Gegenteil: Benedikt schärft dem Abt die persönliche Verantwortung für jedes Glied seiner Gemeinschaft ein. Der Abt muss in seinem Kloster nicht nur für Zucht und Ordnung sorgen, sondern vor allem auch „der Eigenart vieler“ dienen (RB 2,31). „Er hasse die Fehler, er liebe die Brüder“ (RB 64,11).

„Nur die Fähigsten“ funktioniert nicht

Benedikt hat ganz bescheiden zur Zeit des Unterganges des Römischen Reiches einen gangbaren Weg der Resilienz aufgezeigt. Er hat mit diesem kleinen Anfang einer Regel (*minima incohationis regula*, RB 73,8) für gut 1000 Jahre die Grundlage für das Leben christlicher Gemeinschaften gelegt; Gemeinschaften, die nicht perfekt waren, aber in ihrer Weite des Lebens und ihrer Weite des Herzens die Schwächeren nicht auf der Strecke ließen. Für Benedikt war klar, dass sich in einem Kloster nicht nur die ganze Bandbreite menschlicher Persönlichkeiten findet, sondern dass das auch notwendig für eine lebendige und überlebensfähige Gemeinschaft ist. „Nur die Fähigsten“ mag eine verführerische Idee sein, sie funktioniert aber nicht.

Ein Beispiel: Benedikt von Aniane († 821), der eigentliche Gründer des Benediktinerordens, sollte unter Ludwig dem Frommen (778–840) Anfang des 9. Jahrhunderts im Kloster Inden (Kornelimünster bei Aachen) ein Musterkloster mit den besten und begabtesten Mönchen seiner Zeit aufbauen. Dieses sollte allen anderen Gemeinschaften der Zeit zum Vorbild werden. Man zog die besten Kräfte aus ganz Europa zusammen. Doch dieses ambitionierte Experiment der karolingischen Bildungsreform ging völlig daneben. Wir lernen daraus, dass ein Staat, ein Gemeinwesen, eine Familie oder ein Kloster, das nur die Fähigsten und Besten zulässt, nicht funktionieren kann. Perfektionismus blockiert. Da steht das Beste dem Besten im Wege!

Papst Johannes XXIII. – auch er ein großer Freund der Benediktiner! – hat das in seinem geistlichen Tagebuch auf unverwechselbare Art auf den Punkt gebracht: Wo die Pferde versagen, schaffen es die Esel! Das heißt letztlich, dass in Kirche und Kloster immer die Gegenwart bewertet werden muss und eine gewisse Situationsgerechtigkeit die konkreten Entscheidungen prägen soll. Die vielen Transformationsprozesse, in denen wir uns gegenwärtig befinden, erfordern daher stets Adaption und Flexibilität, Beweglichkeit und Dynamik. Sie ermöglichen damit die kritische Kontinuität und die dynamische Treue, die es braucht, um gut durch die Zeiten zu kommen.

Was ich sagen will, hat Benedikt am Ende des Prologs seiner Regel folgendermaßen formuliert: „Wer aber im klösterlichen Leben und im Glauben fortschreitet, dem wird das Herz weit, und er läuft in unsagbarem Glück der Liebe den Weg der Gebote Gottes“ (RB Prol 49). Das ist im Sinne des heiligen Benedikt daher immer Weite des Lebens … und Weite des Herzens.

III.
MIT BENEDIKT DIE KIRCHE ERNEUERN

DEMOKRATISCH, ARISTOKRATISCH, HIERARCHISCH

Beratung und Letztentscheidung

Ein Benediktinerkloster funktioniert gleichzeitig demokratisch, aristokratisch und monarchisch-hierarchisch. Das sind Aspekte im Kontext von Verantwortung. Sooft etwas Wichtiges im Kloster zu behandeln ist, soll der Abt die ganze Gemeinschaft zusammenrufen und selbst darlegen, worum es geht. Was alle betrifft, da gehören alle dazu. Dafür gibt es das Kapitel. Das ist das demokratische Element. Die Tagesordnung des Kapitels bereitet der Seniorenrat vor. Auch was ich als Abt zum Thema machen will, muss im Vorfeld eingebracht werden. Das ist vergleichbar mit der Präsidiale des Parlaments. Alle Themen und Anträge werden auch kritisch gesehen, es ist keine „g'mahde Wiesn" für den Abt. Vielleicht geht es mir deshalb so gut, weil ich im Seniorenrat sehr fähige Leute habe.

Benedikt sagt weiters, es gibt andere Dinge, die nicht alle betreffen. Darüber sollten ein paar Leute beraten, die einen Blick für das Ganze haben. Das ist der Seniorenrat, boshaft gesagt das „Politbüro" oder die „Steuerungsgruppe". Der Seniorenrat wird zur Hälfte gewählt und zur Hälfte vom Abt ernannt. Wir haben in St. Peter zwei Ernannte und zwei Gewählte. Von Amts wegen ist der Prior dabei, der ist vom Abt ernannt und ist in unserem Fall auch Novizenmeister. Dazu kommt der Subprior, den ich wirklich frei ernannt habe, weil er auch Klerikermagister ist, das heißt eine Art Studienpräfekt für die *Juniores*. Der Seniorenrat ist sozusagen der aristokratische Aspekt der Leitung eines Klosters. Die *Aristoi* sind die „Besten“, die Kenntnisreichen, die, die es am besten einzuschätzen wissen.

Letztendlich gibt es Entscheidungen, die der Abt allein treffen muss und die ihm niemand abnehmen kann. Das ist der monarchische Aspekt. Der Abt soll den Rat der Brüder anhören und dann mit sich zu Rate gehen. Was er für das Zuträgliche hält, das soll er tun. Tatsächlich bin ich als Abt oft in einer Situation, wo ich mehr weiß, als ich – öffentlich – sagen kann. Für mich als Abt ist das vor allem bei Missbrauchsfällen eine schwere Belastung gewesen. Das ist eine Krux für einen Oberen, der selbstverständlich diskret bleiben muss, obwohl er mehr und anderes weiß. Das ist vielleicht vergleichbar mit einem Richter oder einem Rechtsanwalt, der sein Wissen diskret handhaben muss.

Das kommt immer in Zusammenhängen vor, wo der Abt etwas ins rechte Licht rücken muss. Das kann er aber nur im persönlichen Einzelgespräch. Aber man ist gebunden, wenn der Mitbruder in einem solchen persönlichen Gespräch seine Verfehlung eingesteht, aber nach außen dann etwas ganz Anderes sagt. Das ist eine Situation, in der ich mich instrumentalisiert fühle, weil mir die Hände gebunden sind: Ich darf selbstverständlich die vertraulichen Informationen und das Eingeständnis des Mitbruders nicht vor der versammelten Gemeinschaft verwenden. Und da rede ich noch gar nicht vom Sakrament der Beichte!

Die Ordenskapitel – das demokratische Element

Was alle betrifft, sollen alle entscheiden, sagt Benedikt. Dementsprechend gibt es bei Orden die sogenannten Kapitel, und zwar auf mehreren Ebenen: das Hauskapitel, das Provinzkapitel und das Generalkapitel. In der Österreichischen Benediktinerkongregation findet das Generalkapitel alle drei Jahre statt. Dabei wird alle sechs Jahre das Leitungsteam gewählt. In der Österreichischen Benediktinerkongregation sind das der Abtpräses und das Präsidium. Letzteres ist mit zwei Äbten – derzeit bin einer ich – und zwei Patres besetzt. Der Wahl des Leitungsteams gehen Gespräche voraus, die *Murmuratio*: Wer steht zur Verfügung? Wer ist geeignet? Wer ist aus welchen Gründen ungeeignet? Was heißt diese Eignung in der jeweiligen aktuellen Situation? Was steht in den nächsten Jahren an? Wen und was braucht es zum gegenwärtigen Zeitpunkt? Wer ist belastbar, vorausschauend, inspirierend, integrierend, vertrauenswürdig und mit klarem Standpunkt und Durchsetzungskraft ausgestattet? Die Wahl erfolgt je nach Orden für drei, sechs oder zwölf Jahre. Eine Wiederwahl ist möglich. Eine begrenzte Funktionsperiode ist für alle Seiten entlastend. Man weiß, wie lange jemand in der Leitung ist, und kann sich darauf einstellen. Niemand muss „ewig" in der ersten Reihe stehen; es gibt für alle „ein Leben danach", für Wählende und Gewählte.

Zwei wesentliche positive Effekte solcher Ordenskapitel sind Beteiligung und Transparenz. Beteiligung verringert die Distanz der Basis zu „denen da oben". Sie fördert das gemeinsame Selbstverständnis und das Mittragen von Entscheidungen der Leitung. Transparenz trägt dazu bei, dass Menschen verstehen, wie und warum etwas zustande gekommen ist. Sie identifizieren sich dadurch besser mit der Gemeinschaft, nehmen Hindernisse oder Widerstände in der Umsetzung von Vorhaben leichter in Kauf und vertrauen der verantwortlichen Person auch bei unpopulären Entscheidungen mehr.

AM ANFANG WAR DIE SYNODALE KIRCHE

Gemeinsames Gehen wie im ersten Jahrtausend

Die Ordenskapitel sind ein sprechendes Beispiel dafür, dass eine Ordensgemeinschaft ihrem Wesen nach synodal funktioniert. Auch wenn diese Praxis manchmal müde geworden oder noch ausbaufähig ist, so zeigt sich der synodale Charakter der Orden doch in vielfältiger Weise. Etwa in der Visitationspraxis, bei der es institutionalisierte Gespräche mit jedem Ordensmitglied gibt. Orden sind gewissermaßen Experten, wenn es darum geht, gemeinsam auf dem Weg zu sein und diesen Weg mit hilfreichen Strukturen und Vorgehensweisen gemeinsam zu gestalten. Synodalität heißt zunächst einmal gemeinsam gehen. Diesen Prozess sollen und wollen wir Benediktinerinnen und Benediktiner zeigen und vorleben.

Das gemeinsame Gehen – die synodale Praxis – war der gewöhnliche Lebensvollzug der gesamten Kirche im ersten Jahrtausend. Danach, vor allem aber im 19. Jahrhundert, wurde dieses kostbare Gut zurückgedrängt und schließlich verschüttet. Maßgeblich dafür war das Erste Vatikanische Konzil (1869/70) mit seinen Dogmen der Unfehlbarkeit und des Jurisdiktionsprimates des Papstes. Die Folge war eine massive Zentralisierung der römisch-katholischen Kirche. Das Zweite Vatikanische Konzil (1963–1965) hat die synodale Praxis zwar wieder neu ins Bewusstsein kirchlichen Handelns gerufen. Allerdings ist diese Praxis in den vergangenen Jahrzehnten durch die konkrete Gestalt der Bischofssynoden an ihre Grenzen gestoßen.

Entscheidend weiter gedacht hat Papst Franziskus den Synodengedanken, dass bei der Weltsynode 2023/2024 nicht nur Bischöfe mit Bischöfen sich beraten haben, sondern – ganz im Sinne Benedikts – „alle" gehört wurden. Erstmals wurden bei der Bischofssynode im Oktober 2023 nicht nur rund 200 Bischöfe nach Rom berufen, sondern auch 100 Laien, davon 54 Frauen. Vorausgegangen war ein weltweiter Befragungsprozess, der lokal, regional und kontinental durchgeführt wurde. Dadurch war gewährleistet, dass alle Ebenen – man könnte historisch auch sagen alle Stände – repräsentativ und glaubhaft in den Erneuerungsprozess einbezogen wurden.

Wesentlich bei einem synodalen Prozess ist, dass es sich dabei um einen geistlichen Vorgang handelt, nicht um einen parlamentarischen. Es geht ums Hören, Meditieren, Antworten. Es ist nicht so, dass irgendjemand sagen könnte, jetzt ist Schluss der Debatte, jetzt wird entschieden und die Mehrheit hat Recht. Christen sind Beduinen. Christsein ist eine Wanderbewegung. Manchmal führt es uns durch die Wüste, manchmal haben wir Aufwind, manchmal bläst uns der kriminelle Wind des Missbrauchs ins Gesicht.

Erstmals wurde ergebnisoffen zugehört

Wie Veränderung und Erneuerung im Sinne Benedikts in der Kirche gelebt werden kann, hat die Österreichische Ordenskonferenz in den synodalen Prozess eingebracht, den Papst Franziskus ausgerufen hat und der im Oktober 2024 mit einer Bischofssynode abgeschlossen werden soll. Die Ordenskonferenz umfasst 193 Ordensgemeinschaften: 106 Frauenorden mit ca. 2800 Ordensfrauen und 87 Männerorden mit ca. 1500 Ordensmännern. Ca. 30 Gemeinschaften haben sich über die Ordenskonferenz zum weltweiten synodalen Prozess zu Wort gemeldet, mit schriftlichen Eingaben oder durch ihre Teilnahme an einem gemeinsamen Studientag.

Die Orden haben dabei das ganze Spektrum an kirchlichen, theologischen, spirituellen Standpunkten abgebildet, mit teils stark gegensätzlichen Positionen. Dabei gab es auch selbstkritische Reflexionen. „Die Orden müssen entrümpelt werden", hieß die klare Zielrichtung, Ordenshäuser und Ordenskirchen sollten offener werden. Zur Weltsynode selbst wurde die grundsätzliche Frage aufgeworfen, zu welchen Ergebnissen und Entscheidungen diese kommen könnte. Einerseits schien die Struktur dafür wenig greifbar. Andererseits kamen Erinnerungen an frühere, ähnlich breit angelegte Initiativen hoch wie z. B. den „Dialog für Österreich" (1997–1998). Dieser ist wie ähnliche Vorgänge ohne essentielle Entscheidungen und ohne spürbare Auswirkungen für die Kirche geblieben.

Die Beteiligung der Österreichischen Ordenskonferenz am synodalen Prozess brachte mir die hoffnungsvolle Erfahrung, dass dieser von Papst Franziskus ausgerufene weltweite synodale Prozess besser angelaufen ist, als ich anfangs gedacht hatte. Unter dem treffend gewählten Titel „Mach den Raum deines Zeltes weit" (Jes 54,2) fasste das Arbeitsdokument die Herausforderungen und die unterschiedlichen Stimmen aus der ganzen Welt zutreffend und gut zusammen. Wohltuend war, dass auch kritische und schwierige Themen ihren festen Platz hatten und nicht aussortiert oder unterdrückt wurden. Neu und erhellend war für mich, dass in der Tonalität nicht von oben herab belehrt und Wandelbares nicht bereits im Vorfeld als unveränderbar dargestellt wurde. Erstmals wurde wirklich ergebnisoffen zugehört.

Freilich braucht es für einen solchen synodalen Vorgang Mut, Geduld und einen langen Atem. Entscheidungen müssen in dynamischer Treue, Partizipation und Flexibilität getroffen und dann auch konsequent umgesetzt werden. Vor allem ist darauf zu achten, dass in anderen Ortskirchen und auf anderen Kontinenten nicht der Eindruck eines europäischen Kolonialismus oder gar eines westlichen Kulturimperialismus erweckt wird. Der Respekt vor der Meinung anderer muss wechselseitig eingehalten werden. Dafür braucht es Vertrauen und Mut, die Dinge beim Namen zu nennen, die offenen und ungeklärten Fragen klar zu entscheiden und dies konsequent umzusetzen. Das erfordert von allen Beteiligten Respekt und grundsätzliche Veränderungsbereitschaft.

DEN BRENNENDEN FRAGEN NICHT AUSWEICHEN

Weiheämter für Frauen stehen ganz oben

Ich glaube, dass ich noch einiges an Erneuerung der römisch-katholischen Kirche erleben darf, was andere gehofft haben. Erzabt Franz Bachler († 2003) zum Beispiel ist ganz dezidiert für das Frauenpriestertum eingetreten. Ich schließe mich dem vor allem deshalb an, weil es eine Frage der Glaubwürdigkeit der Kirche ist. Soweit ich sehe, haben sich auch die Päpste der jüngeren Vergangenheit nicht massiv gegen die Weihe von Frauen ausgesprochen – ausgenommen Johannes Paul II. in seinem Apostolischen Schreiben „Ordinatio Sacerdotalis“ vom 22. Mai 1994. Er erklärte: „Damit also jeder Zweifel bezüglich der bedeutenden Angelegenheit, die die göttliche Verfassung der Kirche selbst betrifft, beseitigt wird, erkläre ich kraft meines Amtes, die Brüder zu stärken, dass die Kirche keinerlei Vollmacht hat, Frauen die Priesterweihe zu spenden, und dass sich alle Gläubigen der Kirche endgültig an diese Entscheidung zu halten haben.“

Selbstverständlich nehme ich dies derzeit als eine verbindliche Entscheidung der Kirche an. Was allerdings meinen Vorgänger Erzabt Franz – der diese Entscheidung ebenso treu angenommen hat – so gestört hat, war der Anspruch, quasi von Amts wegen dem Heiligen Geist sein freies Wirken abzusprechen. Wenn der „Heilige Geist und wir“ (Apg 15,28) das wollen, dann wird es der Heilige Geist auch zum rechten Zeitpunkt und in geeigneter Form – das kann meines Erachtens nur ein ökumenisches Konzil sein – umsetzen. Davon bin ich überzeugt und daran glaube ich. Wir kommen in einen großen Glaubwürdigkeitskonflikt, wenn wir die gleichen Rechte aller Menschen unabhängig von ihrem Geschlecht und die gleiche Berufung aller Christinnen und Christen durch die Taufe nicht konsequent ernst nehmen. Es ist wichtiger als vieles andere in der katholischen Kirche, in dieser Frage der Geschlechtergerechtigkeit eine glaubwürdige Perspektive zu eröffnen.

So wurde jüngst im Synthese-Bericht „Auf dem Weg zu einer synodalen Kirche in der Sendung" der Bischofssynode vom 4.–29. Oktober 2023 im Vatikan zum Thema Frauen festgehalten: „Kirchen auf der ganzen Welt haben klar den Ruf nach einer größeren Anerkennung und Aufwertung des Beitrags der Frauen und einer Ausweitung der ihnen anvertrauten pastoralen Aufgaben in allen Bereichen des Lebens und der Sendung der Kirche formuliert. Wie kann die Kirche mehr Frauen in bestehende Rollen und Ämter einbeziehen, um die Charismen aller besser zum Ausdruck zu bringen und den pastoralen Bedürfnissen besser gerecht zu werden? Wenn neue Ämter benötigt werden, wer ist für die Unterscheidung verantwortlich, auf welcher Ebene und wie?"

Für mich ist die Frage der Frauenweihe vergleichbar mit der Situation beim Apostelkonzil. Dort wurde etwa um 48/49 n. Chr. die damals bedrängende Frage der Heidenmission entschieden. Strenggläubige Juden, die Christen geworden waren, wollten, dass Heiden zuerst Juden werden müssen, ehe sie Christen sein können. Demnach hätten sich alle beschneiden lassen und die jüdischen Speisevorschriften einhalten müssen. Letztendlich wurde aber von den Heidenchristen nicht mehr verlangt, als Götzenopferfleisch, nicht geschächtetes Fleisch und Unzucht zu meiden. Damit war der Weg frei, dass aus einer jüdischen „Sekte" eine Weltreligion werden konnte. Es war die fundamentale Erkenntnis und Entscheidung des Apostelkonzils, dass Juden und Heiden in gleicher Weise berufen sind.

Damit die Kirche in ihrer moralischen Integrität wieder glaubwürdig werden kann, muss sie ohne jeden Vorbehalt für Geschlechtergerechtigkeit in vielfältiger Weise eintreten. Etwa auch bei der Frage der Homosexualität oder bei Formen diverser Geschlechteridentität. Daran führt kein Weg vorbei, wobei es freilich bei der Homosexualität heftige Widerstände aus Afrika gibt. Da müssen wir zur Kenntnis nehmen, dass Europa nicht mehr der Nabel der Welt ist. Zur Glaubwürdigkeit gehört daher auch, dass wir die Kirchen in Afrika oder Lateinamerika oder Asien in ihren Haltungen ernst nehmen.

Bischöfe wählen wie Äbte und Oberinnen

Die Zeit seit dem Zweiten Weltkrieg war eine sehr erfolgreiche für die Kirche. Man hat gemeint, man habe die NS-Zeit überlebt und sei ohnehin auf der richtigen Seite gewesen, bis man erkennen musste, dass das auch nicht immer so eindeutig war. Dazu kam der Aufbruch des Zweiten Vatikanischen Konzils (1962–1965), das hohe Erwartungen geweckt hat – u. a. an eine baldige Aufhebung des Pflichtzölibats für die Weltpriester. Aber man ist bis heute dabeigeblieben, obwohl sich das Lebensmodell des zölibatären Priesters zumindest im Umfeld demokratischer Gesellschaften eher als ein Minderheitenprogramm erweist. Bedenklich ist vor allem – da gebe ich durchaus manchen Stimmen im Synodalen Weg Recht –, dass der Zölibat teilweise auch falsche Leute anzieht. In der jüngeren Generation in den Priesterseminaren ist ein erheblicher Teil der Weihekandidaten versucht, Zukunft und Heil in einer eher verklärten Vergangenheit zu sehen, die ihrerseits aber auch nie so ideal war, wie sie gerne hochstilisiert wird. Theologisch und historisch ist diese Haltung als rückwärtsgewandt zu bezeichnen; sie verfolgt ein Kirchenbild, das von überzeichneten Schwarz-Weiß-Kontrasten geprägt ist.

Ein wesentlicher Impuls des Zweiten Vatikanischen Konzils war der Gedanke der Kirche als *Communio*, der Mitwirkung und Mitbestimmung aller. Die sollte wie ein Sauerteig in alle Strukturen der Kirche einziehen, von der Mitbestimmung der Laien in den Pfarrgemeinderäten bis hin zu Wahlvorgängen für Bischöfe und die synodale Mitwirkung der Bischöfe am Leitungsamt des Papstes für die gesamte Weltkirche.

Es wäre wichtig, dass die Bischöfe von ihren Diözesen, von ihren Gemeinden gewählt werden – zumindest von einer repräsentativen Vertretung der Gemeinden, wie immer man sich die konkrete Zusammensetzung eines solchen Wahlgremiums dann vorstellen kann. Es mag Situationen geben, wo jemand von außen ernannt wird, so wie auch in unseren Klöstern, wenn es nach einer festgelegten Zahl von Wahlgängen kein Ergebnis gibt.

Aus der Sicht eines Benediktinerabtes wäre es naheliegend, dass sich die Wahl von Bischöfen an die Wahlen von Ordensoberen und Ordensoberinnen anlehnen sollte. Aber bis heute ist bei Bischöfen der katholischen Kirche eine Wahl noch weithin undenkbar. Es gibt nur wenige Ausnahmen, wo ein Domkapitel ein Wahlrecht hat. In Salzburg und in deutschen Diözesen bezieht sich dieses Wahlrecht auf einen Dreiervorschlag, der aus Rom kommt. In Schweizer Bistümern wie Basel oder St. Gallen wählt das Domkapitel frei und der Papst hat das Recht, den Gewählten zu bestätigen – oder theoretisch auch nicht.

Zurückgehend auf das späte Mittelalter lag die Zuständigkeit für die Bischofswahl ursprünglich im ganzen Heiligen Römischen Reich beim Domkapitel oder beim König. Zu Beginn des 19. Jahrhunderts wurden diese Wahlordnungen durch Konkordate – Staatsverträge mit dem Heiligen Stuhl – besiegelt. So wählt das

Salzburger Domkapitel den Erzbischof aus einem Dreiervorschlag des Papstes. Das ist freilich nicht nur ein Recht, sondern auch eine Pflicht, wie das Domkapitel beim Wahlvorgang in der Nachfolge von Erzbischof Karl Berg im Jahr 1988 zur Kenntnis nehmen musste. Soweit bekannt, hat das Domkapitel damals versucht, einen Dreiervorschlag aus Rom zurückzuweisen bzw. einen neuen Dreiervorschlag zu erbitten. Dieser Versuch mit Berufung auf Gewissens- und Loyalitätskonflikte der wahlberechtigten Domkapitulare blieb jedoch erfolglos, sodass das Domkapitel schlussendlich den neuen Bischof aus dem römischen Dreiervorschlag nicht nur wählen durfte, sondern de facto auch wählen musste.

Faktum ist, dass die katholische Kirche von den Wahlvorgängen lernen kann, wie sie für Äbte und Äbtissinnen, Ordensobere und Ordensoberinnen seit Jahrhunderten durchgeführt werden. Wahlrechte von Domkapiteln sind dazu ein historischer Ansatz, der im Sinne des heute zunehmend wichtiger werdenden Gedankens der Synodalität in der Kirche weiterentwickelt werden muss.

Kontinentalkirchen und ein „Abtprimas" als Modell?

Ich glaube, dass es Kontinentalsynoden geben müsste, weil zum Beispiel zwischen Europa und Afrika die Geschichte des Kolonialismus steht. Die afrikanischen Kirchen beklagen, dass Europa ihnen Vorschriften machen wolle – und damit genau wieder der alte Kolonialismus auflebe, durch den Afrika neuerlich unterdrückt werde. Ein aktuelles Beispiel ist die bereits angesprochene Frage der Homosexualität, die in Afrika entschieden anders gesehen wird als in Europa.

Warum sollte es nicht möglich sein, dass es Kontinentalkirchen mit einer weitgehend selbständigen Entscheidungsbefugnis gibt? Darüber kann als verbindendes Element der Weltkirche immer noch das Petrusamt bestehen, aber in einer rechtlich reduzierten Form. Der Papst wäre die „Krone", hätte also eine ähnliche Funktion, wie sie der König oder die Königin in einer konstitutionellen Monarchie hat: eine vor allem repräsentative Funktion, unterfüttert mit grundlegenden Rechten.

Das universale Leitungsamt des Papstes kann im 21. Jahrhundert nicht mehr so funktionieren, wie es sich im 19. Jahrhundert mit dem Dogma der Unfehlbarkeit und dem Jurisdiktionsprimat herausgebildet hat. Es ist kirchengeschichtlich heute die einhellige Sicht, dass die Entscheidung vom 18. Juli 1870 schon damals heftig umstritten war. Einen solchen Jurisdiktionsprimat hat es vorher nie gegeben und es wird ihn wohl auch in Zukunft in dieser extrem ausgeprägten Form nicht mehr geben können.

Die gesamte alte Kirche war synodal verfasst – folgte nicht einem zentralistischen, sondern einem konföderativen Prinzip. Das haben Benediktiner und Benediktinerinnen bis auf den heutigen Tag so gehalten. Der so genannte Benediktiner-„Orden" ist kein zentralistisches, pyramidales System mit einer Spitze, sondern erst seit 1893 (!) – auf ausdrückliches Drängen des großen Sozialpapstes Leo XIII. (1878–1903) – eine Konföderation von einzelnen Abteien, die weltweit in derzeit 19 monastischen Kongregationen strukturiert und organisiert sind. Der Abtprimas an der Spitze der benediktinischen Konföderation ist in diesem Sinne weniger ein Generaloberer als vielmehr ein oberster Repräsentant und Moderator der Benediktiner gegenüber dem Heiligen Stuhl und der Welt. Könnte das ein Modell für die Weltkirche sein? Der Abtprimas ist mehr eine Integrations- und Inspirationsfigur für alle Benediktiner und Benediktinerinnen weltweit, die nur durch moralische Autorität, nicht aber durch hierarchische *Potestas* gewinnen kann. Bestimmend sind dabei die Maßgabe der Benediktsregel und die jeweiligen Satzungen der unterschiedlichen Kongregationen.

Allerdings ist zu beachten, dass für Benedikt lediglich das einzelne Kloster Ausgangspunkt ist und der Zusammenschluss in monastische Kongregationen als ein sekundärer Schritt der Verfassungsgeschichte der Benediktiner und Benediktinerinnen zu betrachten ist, der ansatzweise schon bei Cluniazensern und den Zisterziensern, in Wirklichkeit aber erst seit Papst Benedikt XII. (1334–1342) festzustellen ist. Mit seiner berühmten Bulle „Summi magistri" von 1336, besser bekannt als die „Benedictina", wurden alle Benediktinerklöster Europas in 36 Provinzen eingeteilt, die im Normalfall in mehreren Kirchenprovinzen lagen. Absicht dieser Bulle war es, alle Benediktinerklöster zu Kongregationen zusammenzuschließen und daraus letztlich einen einzigen religiösen Orden zu bilden.

Der Widerstand gegen solche Zentralisierungstendenzen war in den Klöstern allerdings groß. Erst im 17. Jahrhundert haben sich in der Folge des Konzils von Trient (1545–1563) hauptsächlich territoriale Kongregationen gebildet. So etwa die Schweizer Kongregation (gegr. 1602), die Österreichische Kongregation (gegr. 1625) oder die Bayerische Kongregation (gegr. 1684). Die Kongregationsgründungen in der Folge von Trient haben zu einer barocken Blüte des Benediktinerordens geführt. Allerdings haben die meisten Klöster dieser Kongregationen die Stürme der Französischen Revolution und der Säkularisation von 1803 nicht mehr überlebt. Im Laufe des 19. Jahrhunderts konnten einige Kongregationen wieder- oder neugegründet werden. Es sollte noch bis ins Jahr 1893 dauern, bis es zu einer weltweiten benediktinischen Konföderation unter der moderierenden Leitung des Abtprimas kommen sollte.

WAS WIR AUS DEM SCHEITERN LERNEN MÜSSEN

Missbrauch in St. Peter

2009 hat mich der neu gewählte Erzabt Bruno Becker mit dem Amt des Priors betraut. Er kannte mich gut, weil ich von 2005 bis 2009 in Abtenau sein Kooperator in der Seelsorge gewesen war. Das Jahr 2010 hat gut begonnen. Wir hatten im Februar gerade unsere Konventexerzitien mit Altbischof Johann Weber von Graz beendet, als Erzabt Bruno vor dem am kommenden Tag stattfindenden Kapitel nochmals den Seniorenrat zusammenrief, um anzukündigen, dass er morgen die Vertrauensfrage im Kapitel stellen werde. Er sei mit der Veröffentlichung einer Tat von sexualisierter Gewalt an einem Minderjährigen konfrontiert, die er als junger Mann vor mehr als vier Jahrzehnten begangen habe, für die er sich aber bei dem Betroffenen schon vor langer Zeit entschuldigt habe. Aus seiner Sicht sei die Angelegenheit beendet und gesühnt. Jetzt würde sie aber von anderer Seite instrumentalisiert und mit einer Veröffentlichung gedroht.

Wir waren angesichts dieser Situation paralysiert. Ich warnte wegen der heiklen Thematik, die zu dieser Zeit im ganzen deutschen Sprachraum aufpoppte und zahlreiche Rücktritte prominenter Kirchenvertreter nach sich zog, vor dem vorschnellen Stellen der Vertrauensfrage, die mit Sicherheit zu Gunsten von Erzabt Bruno ausgegangen wäre. Was wäre, wenn es da noch andere Fälle gäbe, von denen wir jetzt noch nichts wussten? Können wir dem Abt noch vertrauen? Kann er mit dieser eingestandenen Tat überhaupt noch im Amt bleiben? Und wie ging es überhaupt dem Opfer und was konnten wir für dieses tun?

Über Nacht wurde das Thema Missbrauch zu einem Hauptthema meines Lebens – ein schwieriges Thema, das mich seither nach innen und außen sehr stark beansprucht. Seit dem Jahr 2010 beschäftigt und belastet mich dieses Thema. Ich habe die herausfordernde Thematik und ihre sorgfältige Aufarbeitung als persönliche Aufgabe und Dienst sowohl an den Opfern als auch an der Gemeinschaft gesehen. Mir war sehr schnell klar, dass (Macht-)Missbrauch in keiner Weise gerechtfertigt werden kann, schon gar nicht in einer noch immer als moralische Instanz wahrgenommenen Kirche oder gar in einem Kloster. Den Opfern ging es nicht primär um Geldforderungen, sondern vielmehr um Anstand, Gerechtigkeit und psychologische Hilfeleistung.

Ich habe diese herausfordernde Thematik, ihre strukturellen Hintergründe als persönliche Aufgabe angenommen, ja als Schicksal. Seither ist keine Woche vergangen, in der ich nicht direkt oder indirekt mit dieser Missbrauchsthematik beschäftigt gewesen wäre. Das Thema Missbrauch hat mein Leben total verändert. Von so manchen Lebensträumen – etwa als Universitätslehrer – musste ich mich verabschieden. Jetzt musste ich diese lange verdrängten Vergehen konsequent aufarbeiten.

Demut zeigen, Verantwortung übernehmen

Der Fall von Erzabt Bruno war nicht der einzige in St. Peter. Der Erzabt zeigte Verantwortung und trat schließlich am 9. März 2010 zurück. Für Aktivisten, die der Aufklärung von Missbrauchsfällen in der katholischen Kirche nachgingen, war der Fall des Erzabtes der Anlass, eine Reihe weiterer Fälle aufzuzeigen. Vor allem ging es dabei um Vergehen, die der bereits am 5. Februar 2010 verstorbene Ex-Mitbruder Ernst (P. Berthold)

Flachberger begangen hatte. Der Fall Ernst Flachberger wurde in Zusammenarbeit des Klosters mit dem Journalisten Norbert Blaichinger in zwei Publikationen aufbereitet: „Pater B. Eine Dokumentation“ und „Nie wieder schweigen. Sexueller Missbrauch in der kath. Kirche. Die Geschichte des Herrn O.“

Wir haben damit versucht, das Thema bzw. die Tragödie gut aufzuarbeiten. Das scheint weitestgehend gelungen. Es hat mich besonders gefreut, dass bei meiner Abtbenediktion die drei Hauptopfer des Pater Berthold Flachberger anwesend waren. Sie haben mir glaubhaft versichert, dass sie sehr dankbar dafür seien, wie wir die Thematik angegangen seien und was wir letztendlich auch geleistet hätten.

Aber es gibt auch Themen, die, wenn man im Orden Verantwortung trägt, immer „oben“ zusammenlaufen. Ich bin seit 2019 der Vorsitzende der Österreichischen Ordenskonferenz, und natürlich ist man da auch mit allen Missbrauchsfällen österreichweit konfrontiert. Im Kuratorium der Stiftung Opferschutz, dessen geborenes Mitglied ich als Vorsitzender der Ordenskonferenz bin, müssen wir auch die finanziellen Anerkennungsleistungen für die Opfer freigeben. Die Ordenskonferenz muss dafür nicht aufkommen, geht aber für die betroffenen Gemeinschaften in Vorleistung, wenn diese nicht zahlen können oder wollen. Allerdings kommt die Grundausstattung für die Arbeit der unabhängigen Klasnic-Kommission je nach Aufwand von der Bischofskonferenz und von der Ordenskonferenz. Je nach Zugehörigkeit der Täter und Täterinnen fallen derzeit ca. ein Drittel auf die Diözesen und zwei Drittel auf die Klöster. Diese Asymmetrie erklärt sich auch aus dem Umstand, dass es hauptsächlich Ordensgemeinschaften waren, die sich der Internats-, Schul- und Kindergartenpädagogik widmeten … und oft damit überfordert waren.

Das Prinzip ist, dass der Verursacher – also in der Rechtsnachfolge der Täterinnen und Täter konkret jedes betroffene Kloster – bezahlen muss. Da gibt es naturgemäß auch Gemeinschaften, die sich dieser Entschädigung verweigern. In solchen Fällen sind wir als Ordenskonferenz in Vorleistung gegangen, auch wenn wir das Geld nicht immer von den betroffenen Klöstern zurückerstattet bekamen. Da möchte ich niemanden anschwärzen, aber man würde sich wundern über einige wenige Klöster, die sich zwar in der Öffentlichkeit sehr aufgeschlossen für die Missbrauchsthematik geben, in Wirklichkeit aber nicht bereit sind, die Konsequenzen, auch die finanziellen, für ihre teils ehemaligen oder bereits verstorbenen Mitglieder zu tragen. Da kommt man um den Begriff Scheinheiligkeit nicht herum. Da fällt mir wieder der Satz ein: Ich glaube nicht, was du sagst, wenn ich sehe, was du tust.

Im Zusammenhang mit der gesamten Opferschutzthematik ist es eine Besonderheit der Kirche Österreichs, dass Bischofskonferenz und Ordenskonferenz von Anfang an in Fragen der Prävention, finanziellen Entschädigung und Aufarbeitung der Missbrauchsfälle gemeinsame Wege gingen. Wir konnten 2010 erstmals Opferschutzleitlinien gemeinsam herausgeben, weil man seit der „Affäre Groër“ im Jahr 1995 nicht untätig war. Der Fall Groër hat uns – so merkwürdig das heute klingen mag – gesamtgesellschaftlich sensibler für die gesamte Thematik gemacht. Als ehemalige Schüler am 27. März 1995 dem damaligen Erzbischof von Wien, Kardinal Hans Hermann Groër, öffentlich sexuelle Belästigung und Missbrauch vorwarfen, brach ein Tabu auf. Am 14. August 1995 nahm der Papst Groërs Rücktritt an. Am 27. Februar 1998 sahen sich Erzbischof Christoph Schönborn, Wien, Erzbischof Georg Eder, Salzburg, Bischof Johann Weber, Graz-Seckau, und Bischof Egon Kapellari, Gurk-Klagenfurt, zu der Erklärung genötigt: „Wir sind nun zu der moralischen Gewissheit gelangt, dass die gegen Alterzbischof Kardinal Hans Hermann Groër erhobenen Vorwürfe im Wesentlichen zutreffen."

Es geht, wie immer im benediktinischen Menschenbild, um das rechte Maß. Es ist wichtig für die Betroffenen, wenn sie sehen, dass die – im Nachgang – Verantwortlichen Mitgefühl zeigen und nicht nur bei Pressekonferenzen Krokodilstränen vergießen. Insgesamt ist in Österreich viel an Versöhnung und materieller Wiedergutmachung geschehen – auch wenn wir wissen, dass das niemals allen Schmerz und alles erlittene Unrecht aufwiegen kann, weil die Folgen die Betroffenen ein Leben lang begleiten.

Wir müssen damit umgehen lernen, wie man mit dem Scheitern zurechtkommt. Da sind Klöster als Institutionen gefragt: Wie können wir Verantwortung übernehmen, aber auch Demut zeigen? Die Kirche ist umso mehr in der Verantwortung, weil sie über weite Strecken als moralische Instanz wahrgenommen wird. Sie hat sich als moralischer Rufer in der Wüste in Szene gesetzt. Wenn man sich an alle kirchlichen Vorschriften halten würde, wären solche Fälle nicht passiert. Es ist eine Tatsache, dass man nicht alles steuern kann. Daher brauchen wir Recht und Gerichte.

Eine neue Oppositionskultur in der Kirche entwickeln

Wir Ordensmenschen gehören im weitesten Sinne zum Stand der Propheten. Wir sollen sehen, was andere noch nicht sehen, und wir sollen das auch vorleben. Ein Kloster greift nicht nach Macht und Einfluss. Benedikt zeigt in seiner Regel sehr deutlich auf, dass es nicht um das Festhalten am Bestehenden geht. Er sieht Menschen, die von außen kommen, als Sendboten der Erneuerung: den jungen Novizen, den Pilger, den Mönch, der aus einem anderen Kloster kommt. Was sie sagen, worauf sie hinweisen, welche Veränderung sie anstoßen, ist sehr häufig das, was einem Kloster genau jetzt guttut. Benedikt räumt daher zum Beispiel dem jungen Mönch ausdrücklich ein, dass er sich äußern darf, dass er keine Sanktionen befürchten muss, wenn er auf etwas hinweist, was den Abt oder die Gemeinschaft zunächst vielleicht irritieren könnte.

Bei Benedikt ist die Gegenrede institutionalisiert. Sie muss aber immer mit Anstand, mit Respekt vorgebracht werden. Dann hat sie Anspruch darauf, zuerst einmal wohlwollend angehört und aufgenommen zu werden. Erst in einem zweiten Schritt richtet sich der Blick dann darauf, was möglich erscheint und was vielleicht eine Überforderung ist, sei es für die ganze Gemeinschaft oder für einen einzelnen Mitbruder.

Ein allgemein kirchliches Problem ist meines Erachtens derzeit, dass die Kirche keine klaren Ansagen macht und meist nur unpräzise und missverständliche Aussagen von sich gibt. Sie will niemandem weh tun und allen alles recht machen. Das führt letztlich in die Ängstlichkeit und Diffusion. Eine grundsätzlich positiv gesehene Konflikt- und Oppositionskultur gibt es in der katholischen Kirche nicht. Zumindest nicht seit der frühen Neuzeit. Da greift viel zu schnell das Amt ein, da wurde viel zu schnell die Inquisition tätig, da trat viel zu häufig die Glaubensbehörde auf den Plan. Die freie Rede, die haben wir weithin verlernt.

Klöster sind genau für diese Oppositionskultur bestimmt. Da gibt es eher radikalere Gemeinschaften, ob das Karmeliten sind oder die unterschiedlichen franziskanischen, dominikanischen oder jesuitischen Ordensgemeinschaften. Was unsere benediktinische Auffassung betrifft, folge ich sehr gerne Frère Roger Schutz, dem Gründer von Taizé: „Lebe das, was du vom Evangelium verstanden hast, und sei es noch so wenig." Aber lebe das entschieden und beständig. Große Aktionen oder Revolutionen waren nie der benediktinische Weg. Benedikt kommt es letztlich auf die Treue an, auf das, was dauerhaft angelegt ist, auf das, was bleibt, ohne dass es von der nächsten guten Idee sofort wieder weggeblasen wird.

Die Oppositionskultur ist sicher mehr bei einem Franz von Assisi daheim als bei Benedikt. Das kommt ja häufig in Filmen über Franz von Assisi (1182–1226) und Papst Innozenz III. (1198–1216) vor. Franz von Assisi berief sich mit seinem Lebensbeispiel (er wollte eigentlich keine Regel verfassen) schlicht auf das Evangelium, auf die gelebte radikale Armut. In einem nächtlichen Traum sah der Papst, dass die Lateranbasilika einzustürzen drohte. Nur ein kleiner Ordensmann stützte die Kirche. Innozenz III. erkannte darin den jungen Franz von Assisi. Daraufhin bestätigte der Papst den franziskanischen Brüdern mündlich die Ziele sowie die Lebensform der neuen Gemeinschaft. Innozenz III. war wohl der bedeutendste Papst des Mittelalters. Und der kleine Bruder Franz brachte ihn zum Nachdenken.

Franz von Assisi hielt mit seinem Charisma einer verfallenden Kirche den Spiegel vor. Er brachte die Perspektive der Opfer, der Kleinen, der Übersehenen, der Armen in eine Kirche ein, die sich zu sehr verselbständigt hat, die nur mehr um sich kreiste. Johann Baptist Metz, der große Theologe, der ähnlich wie Dorothee Sölle Mystik und Politik in die theologische Debatte eingebracht hat, spricht von den Ordensleuten als „Schocktherapie des Heiligen Geistes" für die Kirche. Das ist natürlich eine überzeichnete Formulierung. Die Kirche braucht solche Charismatiker. Aber wenn alles an der Ausstrahlung hängen bleibt, wird es keinen langen Bestand haben. Auch die Oppositionskultur braucht ihre Strukturen, ihre Beständigkeit, ihren Boden unter den Füßen. Für eine solche Bodenständigkeit sehen wir Benediktiner uns zuständig.

Die Stimme der jungen Leute hören

Wo kommen die jüngeren Menschen in der Kirche zur Sprache? Meines Erachtens nicht unbedingt auf den großen Weltjugendtagen. Der Papst spricht davon, dass der Klerikalismus eine schwere Verfehlung sei. Aber das Bild, das der Papstgottesdienst beim Weltjugendtag 2023 in Lissabon abgegeben hat, entsprach genau diesem falschen Kirchenbild: in der Mitte der Papst, darum herum 600 Bischöfe und 10.000 Priester, und dann waren da irgendwo auch noch die jungen Menschen.

Selbstverständlich ist ein Weltjugendtag ein großes und auch großartiges Ereignis mit vielen begeisterten Jugendlichen, die über alle Grenzen hinweg eine großartige Gemeinschaft erfahren. Aber letztlich bleibt ein solches Event eine Momentaufnahme, und zum Teil nicht einmal die glücklichste, was das Bild betrifft, das die Kirche dabei abgibt.

Kinder und Heranwachsende sind eine Herausforderung. Das weiß jeder Vater und jede Mutter. Daher danke ich bei jeder Firmvorbereitung besonders den Firmbegleiterinnen und -begleitern sowie den Paten und Patinnen. Sie wissen genau, dass Jugendliche im Firmungsalter oft mitten in der Pubertät stecken und entsprechend gegen alles aufbegehren, was von den Erwachsenen kommt. Aber die jungen Leute in diesem Alter brauchen den Geschmack der Freiheit. Das ist für viele heute schwieriger, als es früher war, weil sie von den Eltern zu sehr behütet werden.

Meine Eltern waren auch konservativ, aber trotzdem waren wir Kinder freier als ich das vielfach bei heutigen Generationen von Jugendlichen erlebe. Heute hat ein junger Mensch kaum einmal Gelegenheit, dass er etwas unbeobachtet macht außerhalb des Elternhauses, außerhalb der Schule, außerhalb der tagtäglich vorgegebenen Strukturen.

Firmungen – ich habe es oben schon beschrieben – sind eine der schönsten Erfahrungen, die ich machen darf. Bei der Firmung selbst sind diese jungen Leute so etwas von ernst und beinahe andächtig, dass man es kaum glauben würde. Aber selbstverständlich weiß ich, dass sie das Ganze zwei Wochen später wieder vergessen haben. Für mich ist eine Firmung „sinnvoll und erfolgreich“ gewesen, wenn die Neugefirmten nach einigen Jahren, wo sie vielleicht wirklich in ihre ersten schweren Krisen kommen, wissen, wohin sie sich wenden können und mit wem sie reden können. Oder wenn sie einfach den stillen Raum einer Kirche aufsuchen. Das darf man nicht unterschätzen, wie viele – gerade auch jüngere – Menschen in einer Kirche sitzen. Ruhig, in sich versunken, mit einem Scherbenhaufen Leben, möglicherweise um ein paar Gedanken aus einem Gebet ringend, das sie einmal gelernt haben. Oder sie zünden nur eine Kerze an. Ich glaube, dass solch archaische Muster hilfreich sein können und dass die Erfahrung einer Firmung dafür so etwas wie ein Ankerpunkt sein kann.

IV.

MIT BENEDIKT DIE WELT VERÄNDERN

BENEDIKTINISCHE WEISHEIT FÜR DAS 21. JAHRHUNDERT

Die Regel Benedikts ist ein „Brauchstext“ wie es der deutsche Benediktiner und Kirchenhistoriker Kassius Hallinger formulierte, d. h. ein immer wieder auch adaptierter und durchaus unterschiedlich ausgelegter Text aus dem 6. Jahrhundert – also aus der Spätantike! Dieser Text birgt in der konkreten Geschichte der zahllosen benediktinischen Klöster einen immensen Erfahrungsschatz von immerhin 1500 Jahren durchlebter Spiritualität und konkreter Gemeinschaftserfahrung. Das, was wir heute als *Sapientia Benedictina*, als benediktinische Lebensweisheit, Lebenswelt und Lebensform bezeichnen, ist immer noch aktuell und wird auch heute noch konkret gelebt. Die Basis dafür ist aber dieser Text aus dem 6. Jahrhundert mit seinen 73 Kapiteln und dem vorausgehenden, inspirierenden Prolog.

Sieben Weisheiten daraus scheinen mir für heute wegweisend zu sein:

Führung ist kollegial oder gar nicht

So oft etwas Wichtiges im Kloster zu behandeln ist, soll der Abt die ganze Gemeinschaft zusammenrufen.

Regula Benedicti 3,1

Benedikts Führungsstil ist kollegial und für ihn ist klar, dass jede Autorität rückgebunden ist an eine Beratung mit allen, die von einer Entscheidung betroffen sind. In maßgeblichen Dingen sollen ohne Rücksicht auf Rang und Namen oder Lebensalter alle gehört werden, damit es keinen „berechtigten Grund zum Murren" (RB 41,5) gibt. Die Mitbrüder sind wiederum aufgefordert, sich vom Eigennutz ebenso zu verabschieden wie von ihrem ausschließlich persönlichen Blickwinkel.

Es ist kein Zufall, dass das Ordensrecht im Laufe seiner Entwicklung auch ein Augenmerk auf finanzielle Angelegenheiten gelegt hat. Es wäre weltfremd und würde nicht zur Benediktsregel passen, würde man die allgegenwärtige menschliche Erfahrung ignorieren, dass Geld korrumpieren kann. Die Beispiele sind auch in unserer Epoche ohne Zahl. Daher bindet Benedikt finanzielle Entscheidungen an gemeinsame Beschlüsse des Kapitels. Frei nach dem Motto: Vertrauen ist gut, Controlling ist besser.

Zusammenleben ist respektvoll oder gar nicht

Die Brüder sollen jedoch in aller Demut und Unterordnung ihren Rat geben.

Regula Benedicti 3,4

Der respektvolle Umgang miteinander gehört zum innersten Wesen der Benediktsregel. Niemand soll „anmaßend und hartnäckig" (RB 3,4) nur seine eigene Meinung vertreten. Wir erleben heute in der politischen Auseinandersetzung ständig, wie unterschiedliche Gruppierungen in ihrer eigenen Blase leben und sich dabei mit „alternativen Fakten" immer nur die eigenen Ansichten bestätigen. Das erschwert ein Gespräch mit dem politischen Gegner bis dahin, dass es unmöglich wird.

Völlig zurecht hat der österreichische Bundespräsident Alexander Van der Bellen in seiner Eröffnungsrede bei den Salzburger Festspielen 2023 vor dieser Blasenbildung gewarnt: „Eine Bedrohung unserer liberalen Demokratie ist die abnehmende Toleranz. Zu oft vermissen wir den respektvollen Umgang. Wir diskutieren kaum mehr miteinander, oft bestätigen wir uns nur in der eigenen Meinung und wenn jemand anderer Meinung ist, hören wir ihn oder sie kaum noch, weil er oder sie zu weit weg ist." Der Bundespräsident forderte dazu auf, nicht den Algorithmen zu folgen, „die uns ganz automatisch nur Meinungen zuspielen, die uns Recht geben und in unserer Meinung bestätigen oder anstacheln." Vielmehr gelte es auch jene zu hören, die nicht unserer Meinung seien. „Auf diese Art bekommen wir dann auch Ausschnitte der Realität zu sehen, die wir anders nie zu Gesicht bekommen würden. Und auf diese Art bekommen wir vielleicht auch wieder das Bild einer gemeinsamen Realität."

Mit Demut Rat geben heißt für Benedikt, die eigene Blase nicht für die einzig gültige Wirklichkeit zu halten. Nur im respektvollen Miteinander kann das gefunden werden, was die Benediktsregel für das Um und Auf des Zusammenlebens hält: die maßvolle Mitte.

Gemeinschaft ist kommunikativ und dynamisch oder gar nicht

Das Gut des Gehorsams sollen alle nicht nur dem Abt erweisen. Die Brüder müssen ebenso einander gehorchen.

Regula Benedicti 71,1

Der Mönch steht unter der Regel und unter dem Abt. Der Abt ist die lebendige Tradition und der, der verlässlich die authentische Auslegung der Regel vertritt – aber nicht allein und von sich aus, sondern in einem beständigen Kommunikationsprozess. Man muss sich zusammenraufen, alle müssen sich bewegen, weil das Bewegliche sich letztendlich als das Dauerhafte herausstellt. Am Schluss muss ein klares Ergebnis herauskommen.

Daher ist Kommunikation mein Wahlspruch. In *communicare* steckt auch das lateinische *Munus*, das Amt, die Teilhabe am Amt. Letztlich heißt das, es gibt eine geteilte Verantwortung. Der Abt muss nicht alles auf seine Schultern nehmen. Er darf auch delegieren. Dazu braucht es Vertrauen, um Mitbrüder mit bestimmten Aufgaben zu betrauen. Der Abt darf aber auch auf den Gehorsam zählen. Es ist ein gegenseitiger Gehorsam, der im vorletzten Kapitel der Regel ausdrücklich als Respekt voreinander beschrieben wird. „Die Mönche sollen einander in gegenseitiger Achtung zuvorkommen; ihre körperlichen und charakterlichen Schwächen sollen sie mit unerschöpflicher Geduld ertragen; im gegenseitigen Gehorsam sollen sie miteinander wetteifern; keiner achte auf das eigene Wohl, sondern mehr auf das des anderen“ (RB 72,4–8).

Kommunikativ sein heißt, offen sein für den anderen, für die andere, für das andere. Benedikt sagt, wir sollen vor allem auch die Jungen hören und ihre Meinung als Herausforderung und Anfrage annehmen. Sonst bleibe ich bei mir selbst stehen und komme nicht weiter. Eigene Haltungen vertragen sich mit einem kommunikativen Gemeinschaftsleben durchaus, wenn man darauf schaut, was Benedikt mit der dynamischen Treue meint. Ich muss mich bewegen, ich muss aber immer den Kern erkennen. Es geht um die Unterscheidung, was wirklich wichtig ist, was dieser Kern ist und was nur Makulatur ist, was auch einmal weggelassen werden darf.

Die große Herausforderung ist das gemeinsame Suchen nach dem richtigen Maß. Dafür muss ich in erster Linie zuhören. Das heißt nicht, dass ich meine eigenen Überzeugungen über Bord werfen muss, und es hat auch nicht nur mit Mehrheiten zu tun. Vielmehr bringt Benedikt in diese Überlegungen auch das Qualitative herein, die *Sanior Pars*, den gesünderen Teil. Damit wird die Unterscheidung naturgemäß schwieriger. Wer darf die *Sanior Pars* beanspruchen? Wer darf von sich beanspruchen, eher dem Willen Gottes nachzukommen als jemand anderer? Das kann ein schmaler Grat sein zum Extremismus. Wir haben das in der katholischen Kirche nach dem Zweiten Vatikanischen Konzil mit den Traditionalisten rund um Erzbischof Lefebvre erlebt. Sie sagten, wir sind mit unseren Ansichten zwar beim Konzil untergegangen, aber wir vertreten den wahren Glauben der römisch-katholischen Kirche. Wir sind die, die Recht haben.

Notwendig ist die Demut, dass nie etwas absolut ist. Auch eine demokratische Mehrheit ist keine Ruhebank. Da darf es Anfragen und Rückfragen geben. Das ist im öffentlichen Leben der Sinn der Gewaltenteilung in Legislative und Judikative – da kann ein Höchstgericht schon auch einmal einen parlamentarischen Mehrheitsbeschluss aufheben. Die Kirche aber kann eine Glaubenswahrheit nicht einfach wie einen parlamentarischen Mehrheitsbeschluss aufheben. Aber sie ist immer eine *Ecclesia semper reformanda*. Die Kirche ist daher immer eine, die innerlich und äußerlich erneuert werden muss.

Der Frieden beginnt in dir oder gar nicht

Die Werkzeuge der geistlichen Kunst:
Ebenso den Nächsten lieben wie sich selbst.
Alle Menschen ehren.

Regula Benedicti 4,2.8

In Montecassino ist durch die Bombardierung im Zweiten Weltkrieg alles zusammengebrochen. Nur die *Torretta*, der Turm, blieb einigermaßen unbeschadet stehen. Dort steht im Tympanon das Wort *Pax* – Friede. Das ist wie eine Ermutigung, genau bei dem weiterzumachen, was den Bombenhagel überstanden hat. Die Vision des hl. Benedikt von einem Kloster ist eine Vision vom Frieden, vom Shalom, der befruchtet und sich freut am Wachstum des anderen. Benedikt nennt das Kloster ein Haus Gottes. Das kann es nur sein, wenn sich die Mönche als Teil eines Ganzen verstehen. Und es stimmt tatsächlich: Benediktinische Klöster strahlen immer eine Atmosphäre des Friedens aus.

Ein alter italienischer Abt antwortete einmal beim Äbtekongress in Rom auf die Frage, wann für ihn eine Klostergründung gelungen sei: „Dann, wenn ich den Duft des frischen Brotes rieche, das erfrischende Lachen der jungen Mönche auf den Gängen höre und das gottergeben-zufriedene Seufzen der Alten." Das sind ganz niederschwellige menschliche Erfahrungen. Das frische Brot, das Lachen und Scherzen der Jungen und das erlöste Seufzen der Alten: Es geht weiter, es gibt eine neue Generation, ich muss nicht mehr alles selbst tun, ich darf mich darauf verlassen, dass diese Jungen auch mir weiterhelfen, wenn ich es brauche. In diesem Sinne eines Generationenhauses kann ein

Kloster eine befreiende und bereichernde Gemeinschaft sein. Ich habe Gott sei Dank bei keinem meiner Mitbrüder jemals erlebt, dass er total frustriert gewesen wäre.

Alles Leben ist Anfang oder gar nicht

Diese Regel haben wir geschrieben, damit wir durch ihre Beobachtung in unseren Klöstern eine dem Mönchtum einigermaßen entsprechende Lebensweise oder doch einen Anfang im klösterlichen Leben bekunden.

Regula Benedicti 73,1

Jedes Mönchsleben fängt mit dem Eintritt in das Kloster an. Die Begeisterung des Beginnens ist das Entscheidende. Wenn ich dieses Feuer des Anfangs nicht in mir habe und mich nicht immer wieder einmal daran erinnere, dann wird's nicht. Diesen Anfangszauber wachzuhalten, muss sich der Mönch genauso bewahren wie ein Ehepaar. Diese Begeisterung kann kein Mensch dem anderen ausreden. Jeder Kandidat, der in das Kloster eintritt, ist ein solcher Anfang, der auch die Gemeinschaft wieder neu herausfordert. Aber jeder Anfang ist nur ein Augenblick. Er darf nicht hochstilisiert werden, als ob es immer so sein könnte. Man darf nie stehenbleiben bei einem Zustand, auch nicht bei dem des Anfangs.

Bei mir war der Zauber des Anfangs ein zweifacher. Zum einen die Erfahrung, als ich in der Stiftskirche saß und der heutige Pater Prior die Orgel spielte. Das hat meinen ästhetischen Sinn sehr angesprochen. Zum anderen war es die zwischenmenschliche, soziale Erfahrung, wie ein Mitbruder für einen alten, pflegebedürftigen, durchaus in seiner Persönlichkeit nicht einfachen Mitbruder mit aller Hingabe gesorgt hat.

Zu jedem Anfang gehört auch, dass etwas aufhört oder aufhören darf. Ich war immer ein „methodischer Pessimist", das heißt, ich habe meine Ideale und Zukunftsvorstellungen immer so tief angesetzt, dass sie mich nicht von vornherein überfordern würden, ja dass es ohnehin nur nach oben gehen konnte. Übertriebener Begeisterung und Spontaneität gegenüber, die nur allzu schnell wieder verglühen, hatte ich immer ein gewisses Misstrauen. Mir kommt es darauf an, das umzusetzen, was ich für möglich erachte, sodass ich nachher sagen kann: Ich habe das erfüllt. Ich gehe zum Beispiel gern zum Chorgebet. Das ist mir nie zur Mühsal geworden.

Bei Benedikt hat der Anfang eine so große Bedeutung, weil er in einer Zeit größter Unsicherheit gelebt hat, die unserer heutigen Erfahrung nicht unähnlich ist. Damals ist das große Römische Reich zusammengebrochen. Benedikt fand sich in einem Transformationsprozess wieder, in dem er versucht hat, mit kleinen Schritten wieder festen Boden unter den Füßen zu finden. Essentiell ist dafür bei Benedikt die Überzeugung, dass man grundsätzlich jeden Menschen zunächst in seinem Sosein annehmen muss. Heute sind es oft Migranten, die uns den Spiegel vorhalten: Glaubst du das, was du sagst? Lebst du das, was du glaubst?

Im Kloster ist jeder neu Eintretende einer, der der Gemeinschaft diesen Spiegel vorhält. Das kann so herausfordernd sein, dass einige oder zunächst vielleicht sogar die Mehrheit ihn ablehnen. Letztlich müssen alle, die die ewigen Gelübde abgelegt haben, im Kapitel darüber abstimmen, ob einer bleiben kann oder nicht. Leider haben wir bei unseren Stimmzetteln für Entscheidungen im Kapitel eingeführt, dass es neben Ja oder Nein auch die Enthaltung gibt. Was heißt die dann? Der Betreffende meint vielleicht, ich kenne den Neuen zu wenig, ich kann kein definitives Ja oder Nein zu ihm sagen. Faktisch wirkt die Enthaltung aber dann doch als ein zwar nicht entschiedenes, aber tendenzielles Nein.

Wenn ein Kandidat aus einem anderen Orden kommt, braucht er eine Zweidrittelmehrheit. Das kann sich sehr schwierig gestalten. Bei einem Mitbruder, für den ich gern diese Zweidrittelmehrheit hätte, gibt es sie vielleicht nicht, weil die Mehrheit meint, es soll nicht immer die Meinung des Abtes zum Zug kommen.

Alles Leben ist gleichwertig oder gar nicht

Der Abt soll also alle in gleicher Weise lieben, ein und dieselbe Ordnung lasse er für alle gelten – wie es jeder verdient.

Regula Benedicti 2,22

Benedikt betont immer die Gleichwertigkeit aller Mönche, aller Menschen. Es geht dabei nicht um eine objektive gleiche Bemessung wie bei Hohlmaßen oder Längenmaßen. Benedikt sagt vielmehr, jeder Mensch ist einzigartig, er ist genau so gewollt, wie er ist, und er hat unterschiedliche Bedürfnisse. Nach Möglichkeit soll man diese Bedürfnisse erfüllen.

Gemeinschaft muss auf den richtigen Ausgleich achten. Auf das rechte Maß. Das ist nicht das Mittelmaß und keine Nivellierung nach unten. Das Kloster ist aber auch keine Eliteanstalt. Benedikt nimmt Maß an den Schwächsten. Nicht, indem er ihnen von Anfang an sofort nachgibt, sondern indem er jeden fördert und fordert, aber niemanden überfordert. Der Abt muss aufmerksam sein, wenn einem die Luft ausgeht und er nicht mehr zum Innehalten kommt.

Benedikt legt ein Maß an den Tag, mit dem jeder gelassen und mutig seinen Weg gehen kann. Keiner muss Angst haben und sich eingeschränkt fühlen, sondern jeder darf in seiner Freiheit, in dem, was zu ihm gehört, echt und authentisch sein. Keiner muss sich schämen in der Art: „Was werden die Leute von mir denken?!" Benedikt ermutigt, Mensch zu sein und Mensch zu bleiben. Nicht die Wunderwuzzis, nicht die Perfektionisten, nicht die Olympioniken sind allein die, die das Kloster weitertragen. Sondern alle miteinander, die Starken und die Schwachen, die hoch intelligenten und die einfacheren Gemüter, die eifrigen und die weniger fleißigen. Wer mehr an Förderung und Herausforderung braucht, soll sie bekommen. Wer weniger braucht, soll nicht traurig darüber sein und schon gar nicht in quasi asketischer Übertreibung stolz sagen, ich brauche viel weniger, ich koste dem Kloster viel weniger.

Benedikt geht es um ein grundlegendes Wohlwollen dem Mitbruder gegenüber. Die Individualität ist verfassungsmäßig durch die Regel garantiert. Sie ist aber nicht das oberste Gesetz. Ich wollte einen Mitbruder großzügig fördern und ihn zum Studium nach Rom schicken. Aber er wollte nicht. Ich musste respektieren, dass der Mitbruder das gut gemeinte Angebot ablehnte. Erst ein paar Jahre später hat er erkannt, dass das jetzt seine letzte Chance ist, und er ist nach Rom gegangen. Das hat ihn nicht nur in seinem Wissen enorm weitergebracht, sondern es hat ihn auch menschlich weiter und offener gemacht. Benedikt plädiert dafür, die Lebenssituation eines Menschen immer wieder neu zu sehen und darauf zu achten, was sich genau bei diesem Menschen bewährt und was nicht, und vor allem: zu welchem Zeitpunkt.

Pater Johannes Pausch erzählt gern die Geschichte von einem Mitbruder, der nach seinem eigenen Modus beim Essen die Getränke aufgetragen hat. Ein anderer Mitbruder meinte, nimm doch in jede Hand mehrere Krüge, dann musst du nicht so oft laufen. Der Betreffende versuchte es, dabei sind ihm aber alle Krüge aus der Hand gefallen. Darauf sagte er lapidar: „Das hat sich nicht bewährt!" Anders ausgedrückt: Für mich passt das so nicht, ich muss es auf meine Art und Weise machen, damit es gut geht.

Das ist möglicherweise ein Teil des „Erfolges" von St. Peter, dass wir sehr offen für die persönlichen Fähigkeiten und Möglichkeiten des Einzelnen sind. Es gibt nicht das eine Ideal, das in einem Kloster gültig ist. Es ist aber auch nicht der Schlendrian oder das totale Laissez-faire.

Das Leben ist offen oder gar nicht

Vor allem: Gott, den Herrn, lieben mit ganzem Herzen, mit ganzer Seele und mit ganzer Kraft.

Regula Benedicti 4,1

In der Benediktsregel geht es letztlich um die Gottsuche. Um die Beziehung des Menschen zur Transzendenz, zu dem, was über ihm steht, zu dem, was im Tiefsten seiner Seele in ihm eingeschrieben ist. Jeder Mensch erlebt Triumphe und Abstürze. Lebensträume gehen nicht in Erfüllung und Abgründe tun sich auf. Ich bin aber überzeugt, dass es dann immer noch etwas gibt, was jenseits dieser Tragödie liegt. Man kann das mehr auf die Transzendenz hin sehen und Religio nennen, die Rückbindung an etwas, das über mir ist. Man kann es aber auch mehr auf die eigene Lebensfähigkeit hin deuten und Resilienz nennen, die innere Widerstandsfähigkeit gegen die Wechselfälle des Lebens. Es ist in jedem Fall das, was mir hilft, einen solchen Absturz durchzustehen und wieder neu anzufangen.

Benedikt sagt genau das im Kapitel 68, in dem einem Mitbruder etwas aufgetragen wird, was diesem unmöglich erscheint. Da ist es der Rat Benedikts: Nicht sofort aufzugeben und die Flinte ins Korn zu werfen, sondern diesem Mitbruder in aller Güte und mit allem Wohlwollen zu sagen: Probiere es noch einmal! Unheimlich liebevoll und motivierend sagt Benedikt: „Du hast schon Recht, es geht offenbar nicht aufs erste Mal. Aber lass dich nicht entmutigen und lass nicht sofort davon ab. Erst wenn du mehrfach die Erfahrung machen musstest, dass es nicht funktioniert, hast du auch ein Anrecht darauf, dass du von diesem Auftrag befreit wirst."

Für Benedikt geht es um Vertrauen in die eigenen Fähigkeiten und Vertrauen darauf, dass ich nicht allein bin in dem, was mir aufgetragen ist. Oder weiter gefasst: Was das Leben mir auferlegt hat. Dieses Vertrauen ist für mich letztlich auch der Inbegriff von Religiosität. Ich weiß, wie schwach ich als Mensch bin, wie viel Fassade an mir ist, was andere in mir sehen, das ich nicht bestätigen kann. Mir fällt es zum Beispiel schwer, im Urlaub die Gebetszeiten einzuhalten. Ich dispensiere mich dann gern in dem Sinne, dass jetzt eben Urlaub ist und ich auch einmal ein wenig lockerlassen darf. Es ist besser, ich nehme mich an, wie ich bin, als dass ich dem Scharfrichter in mir Recht gebe, der mir mit dem Kopfabschlagen droht. Und siehe da, ich finde ganz von selbst neue Zugänge zu Gott und zum Gebet.

Dass ich mich als der Mensch, der ich bin, annehmen kann, setzt für mich voraus, dass ich an diesen Gott glaube, den zu suchen die Sinnspitze der Benediktsregel ist. Existenziell heruntergebrochen heißt an Gott glauben für mich, dem Leben vertrauen. Ich habe vielfach Erfahrungen machen dürfen, die diesem Vertrauen einen tragfähigen Boden gegeben haben: dass ich als jüngstes Kind aus gar nicht gloriosen familiären Verhältnissen ins Internat gekommen bin, etwas lernen durfte, gefördert wurde, wie meine Eltern allein mich nie hätten fördern können; dass ich dann nach St. Peter gekommen bin und sechs Jahre in einer großartigen Stadt wie Rom leben und studieren durfte, in diesem Zentrum der katholischen Weltkirche, das so schlimm auch wieder nicht ist, wie es oft erzählt wird; dass ich in diesem Rom die Atmosphäre einer großartigen Gemeinschaft erleben durfte, in der wir Studierenden aus aller Welt ja alle Ausländer waren.

Ernsthaft gefordert und hinterfragt wurde mein Vertrauen in das Leben, auch mein Glaube an Gott durch den Missbrauchsskandal. Durch die Frage, was Menschen in solche Abgründe treibt. Was ist das, was wir Sünde nennen? Wie kann ein Paulus sagen: „… ich tue nicht das Gute, das ich will, sondern das Böse, das ich nicht will, das vollbringe ich. Wenn ich aber das tue, was ich nicht will, dann bin nicht mehr ich es, der es bewirkt, sondern die in mir wohnende Sünde. Ich stoße also auf das Gesetz, dass in mir das Böse vorhanden ist, obwohl ich das Gute tun will“ (Röm 7,19–21). Das ist der Konflikt, den jeder Mensch auf paradoxe Weise durchstehen muss. Keiner kann aus dem Gefüge austreten, das er in seinem Wesen, in seiner Persönlichkeit ist.

WIE DIE MÖNCHSKULTUR SALZBURG PRÄGTE

Unsere Stadt Salzburg ist seit jeher an die Mönchskultur gebunden. Jahrhundertelang haben hier Mönche unterschiedlichster Ordensspiritualität gelebt (Benediktiner, Augustiner-Chorherren, Franziskaner, Kapuziner, etc.). Insbesondere haben junge Mönche hier auch gelebt und gelernt, ihre Berufung und ihren Auftrag tiefer zu verstehen. Sie haben studiert und ihr Wissen vertieft, um den Herausforderungen ihrer Zeit besser begegnen und letztlich auch das Wesentliche vom Unwesentlichen trennen zu können. Dabei waren sie auf der Höhe ihrer Zeit und haben doch immer wieder auf die Ursprünge unseres Denkens und unserer Kultur Bezug genommen. Im großen Kulturbruch der Spätantike, als das Römische Reich zerfiel und die Völkerwanderung die abendländische Welt erheblich durcheinanderwürfelte, waren es die Klöster, in denen die Schätze der alten Kultur überlebten. Durch sie wurde eine neue Kultur geformt.

Aber wie ging das? Hier ist zunächst zu sagen, dass es nicht die Absicht der Mönche war, Kultur zu schaffen oder vergangene Kultur zu erhalten. Ihr Antrieb war viel elementarer. Ihr Ziel hieß: *Quaerere Deum* – „Gott suchen“! In der Wirrnis der Zeit, in der nichts standzuhalten schien, wollten sie das Wesentliche tun – sich bemühen, das immer Gültige und Bleibende, ja das Leben selbst zu finden. Sie waren auf der Suche nach Gott, wollten zum Wichtigen und Verlässlichen kommen.

Sie waren eschatologisch ausgerichtet, aber nicht in einem zeitlichen, den eigenen Tod bedenkenden Sinn, sondern in einem existentiellen Sinn. Sie suchten das Endgültige hinter dem Vorläufigen. Weil sie Christen waren, war dies nicht eine Expedition in eine weglose Wüste. Nein, Gott selbst hat Wegzeichen gesteckt, ja einen Weg gebahnt, den zu finden und zu gehen ihre Aufgabe war. Die Suche nach Gott verlangt von innen her eine Kultur des Wortes. Oder wie es Jean Leclercq OSB in seinem berühmten Buch „L'amour des lettres et le désir de Dieu" (Wissenschaft und Gottverlangen) ausdrückt: Eschatologie und Grammatik sind im abendländischen Mönchtum inwendig miteinander verbunden. Was für eine wunderbare Formulierung! Diesen Gedanken griff Papst Benedikt XVI. in seiner wirklich bedeutend einzustufenden Rede am 12. September 2008 im Collège des Bernardins (Paris) auf.

Das Verlangen nach Gott schließt die Liebe zum Wort ein. Weil Gott im biblischen Wort unterwegs ist zu uns und wir zu ihm. Darum muss man lernen, in das Geheimnis der Sprache einzudringen. So werden gerade durch die Gottsuche die profanen Wissenschaften wichtig, die uns den Weg zur Sprache zeigen. Weil die Suche nach Gott letztlich auch nach einer Kultur des Wortes verlangt, gehört zu jedem Kloster eine Bibliothek, die die Wege zum Wort aufzeigt. Ein Kloster ohne Bibliothek ist wie eine Burg ohne Waffen.

In der Bibliothek der Erzabtei St. Peter spiegelt sich die Kontinuität des Sammelns von Wissen durch die Jahrhunderte, mal mehr oder weniger, je nachdem, welchen Schwerpunkt ein Bibliothekar oder ein Abt gesetzt hat. Das wertvollste Buch ist das Verbrüderungsbuch von St. Peter. Es ist das älteste in Österreich verfasste Buch und ist mit seinen Eintragungen von Namen eine extrem wertvolle historische Quelle.

Bis ins 18. Jahrhundert war es der Anspruch einer jeden Klosterbibliothek, das universale Wissen der Zeit zu sammeln. Dieser Auftrag wurde ab der Aufklärung den großen Staatsbibliotheken übertragen. In St. Peter hat die Bibliothek immer bestanden, es gab aber auch immer die Hofbibliothek, die aufgrund der Sammeltätigkeit der Erzbischöfe einen bedeutenden Bestand hat. Sie hat sich von der Hofbibliothek über die Studienbibliothek zur heutigen Universitätsbibliothek entwickelt. Bildung wird aber nicht nur über Bücher vermittelt, sondern ereignet sich auch über andere Instrumente der Kommunikation.

Bücher lese ich vor allem, wenn ich sie von vertrauten Menschen empfohlen bekomme oder eine gute Fachrezension entdecke. An einem Abend mit Muße gehe ich heute aber weniger in die Bibliothek zum Schmökern, sondern mehr in die Kunstsammlungen, weil ich dort durch Graphiken und Kupferstiche viel mehr über unsere Welt und Zeit lernen kann als nur durch Bücher. Bilder und Bücher sind in unserem Kloster nun endlich zur Gänze digitalisiert. Man kann dank der digitalisierten Kataloge sehen, wie der Bestand wächst, und kann auch unterschiedlich in die Tiefe gehen. Unsere Bibliothek umfasst in ihren unterschiedlichen Beständen derzeit um die 200.000 Titel. Im Schnitt kommen ca. 1000 Bücher pro Jahr dazu. Es wird auch vieles wieder ausgemustert, einfach weil es Grenzen des Platzes gibt.

Wie die Bibliothek gehört zum Kloster auch die Schule. In St. Peter gab es seit Anfang eine Schule, die Petersschule, später kam eine Domschule dazu. Aus diesen Schulen entstand im 17. Jahrhundert das Akademische Gymnasium Salzburg, das 2017 sein 400-Jahr-Jubiläum feiern konnte. Benedikt nennt das Kloster *Dominici Servitii Schola*, eine Schule des Herrendienstes. Es ist also auch klar, dass Jesus Christus der eigentliche Lehrer und Meister ist. Das Kloster dient der *Eruditio*, der Formung und Bildung des Menschen. Sie zielt darauf ab, dass der Mensch Gott zu dienen lerne. Aber gerade dies schließt auch die Formung des

Verstandes, die Bildung, ein. Durch sie soll der Mensch lernen, in den Wörtern das eigentliche Wort wahrzunehmen.

Das Kolleg St. Benedikt brachte den Titel Erzabt

Oft werde ich gefragt, was es denn mit dem Titel Erzabt auf sich habe, ich sei doch der 88. Abt von St. Peter, aber erst der 6. Erzabt. Dieser Titel wurde im Jahr 1927 von Papst Pius XI. (1922–1939) dem Kloster und dem damaligen Abt Dr. Petrus Klotz (1922–1931) *ad personam*, also ihm persönlich, und allen seinen Nachfolgern *ad perpetuam*, also für immer, verliehen. Viele meinen irrtümlich, dass mit diesem Titel Erzabt eine besondere Machtposition verbunden sei. Dieser Titel hat aber keine kirchenrechtliche Relevanz und ist auch nicht mit einer wie auch immer gearteten „Oberaufsicht" über andere Klöster verbunden. Um ehrlich zu sein: Es ist lediglich ein „Titel ohne Mittel". Diese drei Buchstaben, dieses Präfix „Erz" hat bei Äbten aber schon eine exklusive Bedeutung, gibt es doch unter den derzeit ca. 270 Benediktinerabteien weltweit nur 10 Erzabteien. Die Verleihung durch den Papst oder die historische Selbstbezeichnung dieser Klöster nimmt immer auch auf die jeweilige Bedeutung dieser Abteien in ihrer Zeit Bezug und war oft auch mit der Funktion des Abtpräses verbunden. Die Position des Abtpräses ist heute nur noch in der Erzabtei Pannonhalma in Ungarn mit dem „Titel Erzabt" verbunden bzw. benannt.

Für St. Peter ist der „Titel Erzabt" am ehesten eine Art Anerkennung dafür, dass das Kloster St. Peter in Salzburg das älteste Benediktinerkloster im deutschen Sprachraum ist. Äußerer Anlass der Verleihung dieses Titels war, dass Papst Pius XI. damit den Einsatz von St. Peter für die Errichtung des Kollegs

St. Benedikt als gemeinsames Studien- und Formationshaus für die Benediktiner des deutschen Sprachraumes würdigte. Das war damals in der Tat eine Neuerung, die allerdings bewusst Anleihen an die alte Benediktineruniversität Salzburg (1622–1810) nahm und im Zusammenhang mit den Bemühungen um die Errichtung einer Katholischen Universität des deutschen Sprachraumes in Salzburg stand. Auf Wunsch von Papst Pius XI. sollte dieses Benediktinerkolleg bewusst in der Nähe einer Abtei, wenn nicht sogar ganz einem solchen Kloster „eingegliedert" sein. Abt Petrus Klotz von St. Peter war in der völlig neuen Situation nach dem Ersten Weltkrieg die treibende Kraft, um dieses schwierige Projekt im Kontext der grundsätzlich konföderativen Struktur der einzelnen Benediktinerabteien umzusetzen.

Das Kolleg St. Benedikt ist seit seinem Entstehen 1925 eine Bildungsinstitution des Benediktinerordens und sollte bewusst Wohnraum für studierende Benediktinermönche des deutschen Sprachraumes an dieser neuen Katholischen Universität bieten. Nationalsozialismus und Zweiter Weltkrieg hatten dieses langfristige Projekt einer Katholischen Universität in Salzburg, dem Sitz des *Primas Germaniae*, beendet. Stattdessen studierten die jungen Benediktiner an der Theologischen Fakultät Salzburg, die viele Benediktiner auch als Professoren aufweisen konnte. 1962 wurde dann schließlich die staatliche Paris-Lodron-Universität errichtet, in der die theologische Fakultät das Verbindungsglied zur historischen Benediktineruniversität darstellt. Auch wenn Benediktinerinnen und Benediktiner des deutschen Sprachraumes heute an unterschiedlichen Universitäten und Hochschulen tätig sind, betrachten sie die Salzburger Paris-Lodron-Universität als „ihre" Universität. Benediktiner und Benediktinerinnen sind auch heute noch durch das Katholische Hochschulwerk, das Internationale Forschungszentrum für Grundfragen, die Salzburger Hochschulwochen und die Benediktinische Akademie in Salzburg präsent.

Das Kolleg St. Benedikt, das in der Trägerschaft der Österreichischen Benediktinerkongregation steht, ist heute das einzige gemeinsame Studienhaus im deutschen Sprachraum. Das Flair der Stadt Salzburg und die Nähe zur Erzabtei St. Peter machen dieses Haus durchaus attraktiv für junge Mitbrüder aus dem Benediktinerorden. Eine Herausforderung für das Kolleg St. Benedikt bleibt aber der allgemeine Rückgang an Berufungen im gesamten deutschen Sprachraum. Diejenigen, die heute in ein Kloster eintreten, bringen meist schon ein abgeschlossenes Theologiestudium mit.

Verkündigung, die den Menschen anspricht

Das *Quaerere Deum* – sich auf die Suche machen nach Gott – war und ist die eigentlich philosophische Haltung der Benediktiner und Benediktinerinnen. Wer Mönch oder Nonne wird, macht sich auf einen weiten und hohen Weg. Doch die Richtung ist schon gefunden: das Wort der Bibel zu hören, durch das Gott selbst spricht. Jetzt muss man nur noch versuchen, ihn zu verstehen, um auf ihn zugehen zu können. Das Suchen der Mönche trägt in gewisser Hinsicht schon ein Finden in sich. Deshalb muss es vorher schon, damit dieses Suchen möglich werde, eine erste Bewegung geben, die nicht nur den Willen zum Suchen weckt, sondern auch glaubhaft macht, dass in diesem Wort der Weg verborgen ist oder besser: dass sich in diesem Wort Gott selbst auf den Weg zu den Menschen begeben hat und daher Menschen auf diesem Weg zu Gott kommen können.

Mit anderen Worten: Es muss Verkündigung geben, die den Menschen anredet. Klassischer Ausdruck für diese Notwendigkeit des christlichen Glaubens, sich für die anderen mitteilbar zu machen, ist ein Satz aus dem 1. Petrusbrief, der in der mittelalterlichen Theologie als biblische Begründung für die Arbeit der Theologen gewertet wurde: „Seid stets bereit, jedem Rede und Antwort zu stehen, der von euch Rechenschaft fordert über die Hoffnung, die euch erfüllt" (1 Petr 3,15). Der Logos muss stets auch Apo-logie sein. Das Wort muss zur Antwort werden.

In der Tat haben die Christen der werdenden Kirche ihre missionarische Verkündigung weniger als Propaganda aufgefasst, die dazu dienen sollte, ihre eigene Gruppe zu vergrößern, sondern als eine innere Notwendigkeit, die aus dem Wesen ihres Glaubens folgte: Der Gott, dem sie glaubten, war der Gott aller. Die Universalität Gottes und die Universalität der auf ihn hin offenen Vernunft ist für sie der Grund der Verkündigung und zugleich die Verpflichtung dazu. Für die frühe Kirche kommt ihr Glaube nicht einer kulturellen Gewohnheit gleich, die je nach Völkern verschieden ist, sondern dem Bereich der Wahrheit, die alle Menschen gleichermaßen angeht.

Das grundlegende Schema der christlichen Verkündigung „nach außen" – an die suchenden und fragenden Menschen – findet sich in der Rede des heiligen Paulus auf dem Areopag. Der Areopag war keine Akademie, auf der sich die erlauchtesten Geister zur Diskussion über die höchsten Dinge trafen, sondern ein Gerichtshof, der in Sachen Religion zuständig war und dem Import fremder Religionen entgegentreten sollte. Genau dies wird Paulus vorgeworfen: „Er scheint ein Verkünder fremder Gottheiten zu sein" (Apg 17,18). Dem hält Paulus entgegen: „Denn als ich umherging und mir eure Heiligtümer ansah, fand ich auch einen Altar mit der Aufschrift: EINEM UNBEKANNTEN GOTT. Was ihr verehrt, ohne es zu kennen, das verkünde ich euch" (Apg 17,23). Paulus verkündet keine unbekannten Götter. Er verkündet den, den die Menschen nicht kennen und doch kennen – den Unbekannt-Bekannten; den, nach dem sie suchen, um den sie letztlich wissen und der doch wieder der Unbekannte und Unerkennbare ist.

Unsere Städte sind nicht mehr mit Altären und mit Bildern vielfältiger Gottheiten angefüllt. Gott ist wirklich für viele der große Unbekannte geworden. Aber wie damals hinter den vielen Götterbildern die Frage nach dem unbekannten Gott verborgen und gegenwärtig war, so ist auch die gegenwärtige Abwesenheit Gottes im Stillen von der Frage nach ihm bedrängt. *Quaerere Deum* – Gott suchen und sich von ihm finden lassen, das ist heute nicht weniger notwendig als in vergangenen Zeiten. Eine bloß positivistische Kultur, die die Frage nach Gott als unwissenschaftlich ins Subjektive abdrängen würde, wäre die Kapitulation der Vernunft, der Verzicht auf ihre höchsten Möglichkeiten und damit ein Absturz der Humanität, dessen Folgen nur schwerwiegend sein könnten. Das, was die Kultur Europas begründet hat, die Suche nach Gott und die Bereitschaft, ihm zuzuhören, bleibt auch heute Grundlage wahrer Kultur.

BENEDIKT, DER PATRON EUROPAS

Das Kreuz, das Buch, der Pflug

Papst Paul VI. hat den hl. Benedikt in seinem Apostolischen Schreiben „Pacis nuntius“ vom 24. Oktober 1964 zum Patron Europas erklärt. Das geschah mitten in der dritten Sitzungsperiode des Zweiten Vatikanischen Konzils, als die Konzilsväter intensiv an der dogmatischen Konstitution „Lumen gentium“ über die Kirche arbeiteten. In seiner bildhaften Sprache hat der Papst das Leben Benedikts und seine Bedeutung für Europa in drei Symbolen veranschaulicht:

* Das Kreuz: Mönche und Nonnen haben das Kreuz als Symbol für den gelebten Glauben über Klostermauern hinaus in die Welt getragen und wurden Missionare für ganz Europa, von Spanien bis Polen, von Italien bis Skandinavien.
* Das Buch: Mönche und Nonnen in der Tradition Benedikts von Nursia haben nicht nur biblische und theologische Texte abgeschrieben und weitergegeben. Sie haben auch das Wissen der Antike für die Nachwelt gerettet. Sie übertrugen die Texte der zerbrechlichen Papyri auf das dauerhafte Pergament.
* Der Pflug: Mönche haben unbehaustes und brachliegendes Land fruchtbar gemacht.

Zu seiner Zeit war Italien, die Heimat Benedikts, durch die Gotenkriege im 6. Jahrhundert völlig destabilisiert. Äußerlich zerfällt der Staat, innerlich ist der Zusammenhalt gebrochen. Aus entlegenen Provinzen und fernen Ländern kommen Flüchtende auf der Suche nach einer neuen Heimat und heben die ohnehin schon brüchigen Lebensstrukturen aus den Angeln. Das römische Weltreich ist aus den Fugen geraten, Rom in weiten

Teilen entvölkert. Die Strukturen des römischen Regierens und ihr Wertekanon gelten nicht mehr. Benedikt ist trotzdem nicht kulturpessimistisch. Seine Regel steht für eine Stabilität in einer Gesellschaft, die auseinanderzubrechen droht. Aber er achtet darauf, dass seine Regel das *Humanum*, den Menschen nicht überfordert.

Das Vorbild von Benedikt greift tiefer als die oft hilflos erscheinenden Aktionen europäischer Politikerinnen und Politiker, durch Stabilitätskriterien, eine Finanzunion und einen Fiskalpakt unseren Wohlstand zu verteidigen. Sein Vorbild greift auch tiefer, wenn heute versucht wird, Europa und die europäischen Werte wie Demokratie oder Pressefreiheit durch autoritäre Eingriffe zu untergraben oder durch Terrorakte zu destabilisieren.

Mittlerweile ist Benedikt von Nursia nicht mehr der einzige Patron Europas. Es war Papst Johannes Paul II., der Benedikt ergänzend noch eine Reihe anderer Patrone und Patroninnen an die Seite gestellt hat. Zunächst einmal die byzantinischen Gelehrten, Priester und „Slawenapostel" Cyrill und Method (9. Jh.), um der römisch-lateinischen Tradition auch die byzantinisch-slawische Dimension gegenüberzustellen, die Europa als Ganzes geformt hat. Dann aber auch noch drei Frauen, die nicht nur die weibliche Wirksamkeit, sondern auch ihre große Bedeutung für Europa spiegeln: Katharina von Siena (1347–1380), die für die Erneuerung des geistlichen Lebens steht und der es sogar gelungen ist, den Papst dazu zu bewegen, aus seinem Exil in Avignon nach Rom zurückzukehren. Weiters die Mystikerin Birgitta von Schweden (1303–1373), die, geschätzt wegen ihrer Frömmigkeit und Nächstenliebe, zur einflussreichen Beraterin von Fürsten und Päpsten wurde. Und als dritte Teresia Benedicta a Cruce Edith Stein (1891–1942), die für die jüdischen Wurzeln des christlichen Europas steht. Die als Jüdin geborene Philosophin konvertierte zum Christentum, wurde Lehrerin an einer katholischen Schule und trat schließlich in den Karmel Maria vom Frieden in Köln ein. 1942 wurde sie im Konzentrationslager Auschwitz-Birkenau von den Nationalsozialisten ermordet.

Natürlich gäbe es noch viel mehr Heilige, die es neben Benedikt von Nursia verdient hätten, als Patronin oder Patron Europas bezeichnet zu werden. Benedikt aber deckt dennoch am umfassendsten ab, was die inneren Werte und die Form Europas ausmacht. Allgemein ist zu sagen, dass benediktinisches Mönchtum tatsächlich ein eher abendländisches Phänomen ist. Es ist stark geprägt von einzelnen Klöstern und regionalen Bedürfnissen. Es ist der große Vorteil der benediktinischen Klöster, dass sie sich nicht einer konkreten Aufgabe oder einem speziellen Zweck gewidmet haben, sondern sich offen, optimistisch und optimal für die konkreten Erfordernisse ihrer Zeit anpassen können. Dies bedeutet aber nicht, dass das benediktinische Menschenbild und Lebensmodell nur europäisch wäre. Es ist weltweit gültig und kann universal gelebt werden.

Erbe und Auftrag: Europa wohin?

Europa – wohin? So fragen wir heute in einer Zeit, die wiederum gezeichnet ist von Krieg und Sünde in Kirche und Welt. Erbe und Auftrag ist nicht nur der programmatische Titel einer benediktinischen Quartalschrift, sondern sicherlich auch für uns alle ein möglicher Zugang zu unserer Fragestellung.

Benedikt ist zum Vater und Lehrmeister Europas geworden, weil er zu einem Zeitpunkt, als das Römische Reich – jahrhundertelang ein Garant für Friede und Gerechtigkeit! – zu zerfallen drohte, einen Weg aus der Krise aufgezeigt hat. Er zeigte einen

Weg auf, der nicht primär an den alten, innerlich hohl gewordenen Strukturen festhielt, sondern der mit der inneren, geistig-geistlichen und moralisch-ethischen Ordnung eines Klosters ein neues, gangbares Lebensmodell für alle geschaffen hat. Benedikt und seine Regel stehen für eine Standhaftigkeit und Stabilität in einer Gesellschaft, die auseinanderzubrechen droht. Er liefert nicht bloß ein oberflächliches Sanierungskonzept für ein marodes Wirtschafts- und Sozialgefüge, sondern bietet eine tiefgründige Anleitung für ein gelungenes Leben der Gottsuche. Man könnte sein Modell als den Weg der kleinen, aber verlässlichen Schritte bezeichnen. Dabei ist der Patron Europas nicht realitätsfern, sondern achtet darauf, dass die „Starken finden, wonach sie verlangen, und die Schwachen nicht davonlaufen" (RB 64,19).

In seiner Gottsuche findet Benedikt zu einer neuen inneren Ordnung in der Form gemeinschaftlichen klösterlichen Lebens. Dabei hat er gar nicht viel selbst erfinden müssen. Er hat Anleihen genommen aus dem Mönchtum und der Theologie seiner Zeit. Und er achtete darauf, dass das, was er in seiner Regel lehrt, das Humanum, den Menschen nicht überfordert. Das beste Gesetz und die gründlichste Ordnung nützen nichts, wenn sie nicht lebbar und auch nicht erlebbar sind.

Wenn ich Benedikts Gedanken auf Europa reflektiere, würde ich auf den Punkt gebracht sagen: Wie können wir gut aufeinander hören und Konflikte dauerhaft lösen? Im Matthäusevangelium lesen wir, wie wir als Christen in Konfliktsituationen vorgehen sollen: zuerst im persönlichen Gespräch, dann im Gespräch mit zwei oder drei Personen. Erst wenn der Betroffene noch immer nicht hört, sollen wir den Weg in die Gemeinde, die Öffentlichkeit wagen (vgl. Mt 18,15–17). Erfüllen wir wirklich diese Freundschaftspflicht oder drücken wir uns – zu oft! – verschämt aus unserer Verantwortung? „Was auch immer zwei von euch auf Erden einmütig erbitten, werden sie von meinem himmlischen Vater erhalten. Denn wo zwei oder drei in meinem Namen versammelt sind, da bin ich mitten unter ihnen“ (Mt 18,19–20).

SIEBEN LEBENSREGELN FÜR DEN ALLTAG

Die benediktinische Haupttugend ist das rechte Maß in bzw. von allem. Sie ist Basis für sieben Lebensregeln, die eine Orientierung für jeden Menschen sein können.

* Höre und du wirst ankommen

Das erste Wort der Regel Benedikts lautet: Höre. Und das letzte Wort der Regel heißt: Du wirst ankommen. Dies macht deutlich, dass Benedikt in seiner Regel nicht eine Lehre anbietet, die schon alles hat und weiß und nur noch umgesetzt werden müsste. Sie ist eben nicht ein fertiger, abgeschlossener Verfassungstext, sondern muss erst vom Mönch entdeckt, hinterfragt und durch die Lebenspraxis umgesetzt, gelebt werden. Benedikt setzt beim konkreten Menschen an und schaut auf seine spezifischen Bedürfnisse. Die Benediktsregel ist nicht für Menschen geschrieben, die schon alles genau wissen, sondern ermutigt zur Gottsuche durch eine rationale Auseinandersetzung mit der Regel und dem Evangelium.

Benedikt sagt: „Höre auf das Wort Gottes und höre deinen Mitmenschen achtsam, respektvoll und aufmerksam zu. Gott begegnet uns nicht nur in der mystischen Erfahrung, sondern auch im Alltag. Auf beides musst du hören."

* Sei fest im Grundsatz, beweglich in der Durchführung

Ganz am Ende seiner Regel relativiert Benedikt sein Werk. Er spricht davon, dass diese konkrete, so formulierte Regel lediglich ein einfacher Versuch, geradezu ein kleiner Anfang sei. Benedikt versichert uns, dass seine Regel nicht das Maß aller Dinge sei, sondern dass es sich hier lediglich um erste Schritte in die richtige Richtung handle. Benedikt versteht sein Kloster nicht statisch und unbeweglich, sondern er vertritt eine dynamische Treue. Ich muss mich immer bewegen und weiterentwickeln, wenn ich das gültig Bleibende lebendig erhalten will.

Benedikt ist zwar im Grundsatz immer fest, aber nie stur, steif oder unbeweglich in der Durchführung. Das ist in der Tat eine Wahrheit dieses monastischen Lehrmeisters, die einen Weg weist aus fundamentalistischer Identitätspolitik und ideologischen Grabenkämpfen.

* Rechne mit der menschlichen Schwäche

Das Maß ist für Benedikt weder die Spitzenleistung noch das Mittelmaß. Es geht um die Motivation, das Vorhandene anzunehmen, darin das rechte Maß zu finden und nicht in einen auf Dauer undurchführbaren Leistungskampf zu verfallen. Es geht um eine verlässliche Situationsgerechtigkeit, nicht um eine wie immer geartete Situationselastik, die uns letztlich überfordert. Deshalb rechnet Benedikt mit den Schwachen und den Schwächen. Sie sind weder die Rechtfertigung für Untätigkeit noch die Motivation für ein ausuferndes Immer-Mehr, Immer-Höher und Immer-Größer.

Wir schauen gern zu Menschen auf, die uns groß, einflussreich und mächtig erscheinen. Aber jeder Mensch ist anfällig für Schwächen und Versagen. Benedikts Regel ist ein steter Balanceakt zwischen Ordnung und Freiheit, festem Regelwerk und dem, „was passt". Schon im Prolog der Regel geht es darum, dass den Mönchen „nichts Hartes und nichts Schweres" (RB Prol 46) auferlegt werden soll. Das heißt aber nicht, dass alle Steine aus dem Weg geräumt werden. Die Entscheidung für das Mönchtum ist eine ernsthafte Sache, die von Anfang an nicht bagatellisiert wird. Im Gegenteil, man soll mit dem Neuankömmling „über alles Harte und Schwere auf dem Weg zu Gott" (RB 58,8) offen reden. Auch wenn der Weg des Mönches anfangs nicht anders als hart, anstrengend und eng sein kann: Das Ziel reifen Mönchtums ist, dass alles letztlich leicht, wie von selbst und aus guter Gewohnheit geht – nicht krampf- oder zwanghaft.

Das Annehmen der eigenen Begrenztheit und Schwäche lotet die realistischen Möglichkeiten aus und motiviert dazu, über sich selbst hinauszuwachsen. Das hat unzählige Mönche und Nonnen in innerer Lockerheit dazu befähigt, großartige Leistungen zu vollbringen. Diesen Gedanken hat Ignatius von Loyola (1491–1556), der viel von Benedikt übernommen hat, in seinem oft zitierten Wort aufgegriffen: „Nur wenige Menschen ahnen, was Gott aus ihnen machen kann, wenn sie sich ihm vorbehaltlos anvertrauen."

* Sei Realist, kein Pessimist

Das Entscheidende in der benediktinischen Spiritualität ist weniger eine spritzige Idee, ein Gedanke, der mich aus der Banalität des Alltags und der Dumpfheit der Systeme befreit. Es ist vielmehr das Durchstehen, Durchtragen und Durchhalten sowie das Einstehen für meine Überzeugungen. Benedikt sieht für den Mönch nicht eine Art *Brainwashing* vor, sondern eine konsequente Umsetzung des einmal Erkannten. Benedikt weiß, dass Erkenntnis und Selbsterkenntnis nicht verordnet werden können. Aber der Vater des abendländischen Mönchtums möchte dazu ermutigen, das Wenige, das man vielleicht erkannt hat, sozusagen in einer Politik der kleinen Schritte im Alltag umzusetzen. Benedikt nimmt den Menschen selbst in seiner größten Schwäche an und hat eine Hoffnung mit ihm und für ihn. Es ist ein Pilgerweg der Motivation, des Vertrauens und der Ermutigung.

* Lebe deinen Élan vital

Wenn man die Regel Benedikts in erster Linie als eine Ansammlung von Vorschriften und Gesetzen missversteht und das Kloster primär als Ordnungssystem wahrnimmt, dann versteinert der lebendige Organismus des Klosters allmählich und stirbt schlussendlich. Regeln sind im gemeinschaftlichen Leben notwendig, wichtig und gut. Überregulierung hingegen schränkt auf Dauer jede Kreativität und notwendige Entwicklung ein. Benedikt will nicht, dass sein Gemeinschaftsmodell versteinert und unbeweglich wird, sondern dass es sich entwickelt und Zukunft hat. Die Gefahr des Versteinerns – der Petrifizierung – droht immer dann, wenn man ein Ideal festhalten bzw. einzementieren will. Auch in Goethes Faust II wird diese Thematik angesprochen, wenn Faust den schönen Augenblick festhalten will: „Verweile doch! Du bist so schön! Dann magst du mich in Fesseln schlagen."

Benedikt signalisiert immer, dass Regel, Ordnung und Gesetz nicht Selbstzweck sein sollen, sondern dass letztlich über allem und in allem Gottes Geist wirkt. „Wo aber der Geist des Herrn wirkt, da ist Freiheit" (2 Kor 3,17), schreibt Paulus. Es braucht gerade im verfassten Christentum eine Art Lebensschwung, einen *Élan vital,* wie es der französische Philosoph Henri Bergson 1907 in seinem Werk „L'évolution créatrice" ausgedrückt hat. Trotz aller Ordnung und Verfassung spricht aus der Regel Benedikts immer auch die Kraft der Erneuerung als eine lebendige Kraft, die das Regelwerk zusammenhält. Oder wie es Giuseppe Tomasi di Lampedusa in seinem Roman „Der Leopard" vermittelt: Der alte Fürst macht seinem Neffen Tancredi Vorhaltungen, warum dieser sich für die neue Sache – das demokratische Italien – engagiere. Tancredi antwortet mit einem Satz, der legendär wurde: „Alles muss sich ändern, damit alles bleibt, wie es ist."

Benedikt vermittelt immer wieder in seiner Regel, dass es nicht um den gegenwärtigen Status quo geht, sondern dass man mutig neue Wege gehen darf, damit in Zukunft das Wesentliche, das Eigentliche, der Kern oder – wie es mein verehrter Lehrer, der Bibelwissenschaftler und Rektor der Universität Salzburg Wolfgang Beilner einmal ausgedrückt hat – das Evangelium im Evangelium lebendig bleibt.

* Sei mutig und demütig

Was mir an Benedikt besonders imponiert, ist – bei aller Wertschätzung für Bewährtes und Sinnvolles – sein mutiger Einsatz für Neues. Demut heißt bei Benedikt nicht kuschen oder sich verbiegen, sondern mutig voranschreiten. Er meint damit Mut und Respekt. Heutige Menschen können mit dem Begriff Demut nicht mehr viel anfangen. Sie sind eher in der Versuchung, Demut mit angepasstem Duckmäusertum zu verwechseln. Es geht aber darum, mutig seine eigenen Erkenntnisse und Einsichten zu vertreten, freilich ohne sie gleich von Anfang an anderen aufzuoktroyieren. In einer guten und respektvollen Kommunikationsform, wie Benedikt sie in seiner Regel konstitutiv vorsieht, darf man ohne Angst dem Abt auch Kritisches sagen. Ja, es ist sogar für das gute Gelingen von Gemeinschaft notwendig, dass die Dinge – auch wenn sie unangenehm sein mögen – benannt werden, damit Abt und Gemeinschaft die richtigen Konsequenzen ziehen können. Meist fehlt uns dazu der Mut.

Im Salzburger Flachgau gibt es dafür einen ganz speziellen Ausdruck: *fiarifiachten* – vorausfürchten, also sich schon fürchten, bevor man überhaupt eine notwendige Änderungsinitiative angeht. Unser Bedürfnis nach Sicherheit und unser sprichwörtlicher Versicherungswahn behindern uns in unserer Entwicklung, sie entmutigen uns. Ein Leben nach der Regel Benedikts erfordert Menschen, die angstfrei und mutig die Welt annehmen und sie weniger mit großen Würfen als vielmehr durch kleine Schritte verändern. Das gibt uns die innere Sicherheit und den Mut, tatsächlich auch die richtigen Schritte zu tun. Angst lähmt und führt in die Enge. Wir müssen letztlich den Mut aufbringen, Altes abzuwerfen und Neues zuzulassen. Das ist nichts für Angsthasen, sondern für mutige Zeitgenossen.

* Sei maßvoll, nicht mittelmäßig

Unsere Zeit ist von Extremen gekennzeichnet. „Zu wenig und zu viel ist aller Narren Ziel“, sagt eine alte Volksweisheit. Das meint, dass Einseitigkeiten letztlich nie zielführend sein können. Man soll aber auch nicht in seinem Übereifer – Benedikt spricht vom *Fervor Novicii*, vom Novizeneifer – übers Ziel hinausschießen. Das ist eine reale Gefahr bei Neubekehrten, die in ihrem Anfangseifer gerne genau das tun: übers Ziel hinausschießen. Das rechte Maß meint, dass ich nicht alles bis zum Extrem ausreizen muss. Ich darf und kann mit weniger zufrieden sein. In einer hypertrophen Welt mit all ihren maßlosen Ansprüchen kann letztlich nur persönliche Reduktion und Ressourcenschonung die Antwort auf ein glückliches „Leben im gemeinsamen Haus" – wie es Papst Franziskus sagt – sein. Die maßvolle Unterscheidung ist immer eine Bewegung zwischen den Polen. Es ist die „dynamische Treue", die Benedikt auszeichnet und seine Regel über die Jahrhunderte so wertvoll macht und aktuell sein lässt.

Dank

Die Initiative zu diesem Buch ging nicht von mir aus. Ein Kloster lebt von der Gemeinschaft, daher soll die Person des Erzabtes nicht im Vordergrund stehen. Dass das Buch trotzdem zustande gekommen ist, verdanke ich vielen Menschen:

* Zuerst und vor allem **meinen Mitbrüdern**. Ein Abt ist ohne Gemeinschaft gar nichts! Mit meinen Mitbrüdern habe ich viele Erfahrungen – gute und schmerzliche – teilen dürfen! Sie sind mein Rückhalt. Wir sind eine diverse Lebensgemeinschaft, wir kennen uns gut und brauchen uns nichts mehr vorzumachen. Ich darf die verlässliche Sicherheit haben, dass meine Mitbrüder mir hilfreich zur Seite stehen und unser gemeinsames Leben mit Überzeugung mittragen. Ihnen verdanke ich – nach meinen Eltern, Geschwistern, Freunden, Lehrern und sonstigen Wegbegleitern – die grundlegenden und wesentlichen Erkenntnisse meines Lebens, besonders meines klösterlichen Lebens und meiner *Leadership*. Oft müssen sie aufgrund meiner vielen Ehrenämter auf meine Präsenz in der Gemeinschaft verzichten. Aber ich kann mich absolut auf sie verlassen und es ist mir immer größte Freude und Genugtuung, nach längerer Abwesenheit zurückkommen zu dürfen und alles in guter Ordnung vorzufinden.

* **Gottfried Kompatscher**, Leiter des Tyrolia-Verlages, der mit sanfter Zähigkeit die Hoffnung auf dieses Buch nicht aufgegeben hat. Seine Idee und das kompetente Lektorat durch Helene Daxecker-Okon haben mich bestens begleitet und ich habe mich nie alleingelassen gefühlt.

* **Josef Bruckmoser**, der wiederholt Interviews mit mir führte und einzelne Texte aus Predigten, Kapitelansprachen oder Vorträgen in eine Form brachte. In wohltuender Ruhe und mit Fachkenntnis hat er mich bei der Redaktion begleitet und gemeinsam mit mir das Manuskript erstellt.

* **Christoph Kardinal Schönborn**, der zu diesem Buch nicht nur ein wunderschönes Vorwort beigesteuert hat, sondern der mir auch als Ordensbischof stets ein kluger Gesprächspartner und ein verlässliches Gegenüber in all den Fragen und „strukturellen Spannungen" ist, die das Zu- und Miteinander von Klöstern und Diözesen mit sich bringt.

Dieses Buch teilt den Erfahrungsschatz eines Klosters, das durch all die Jahrhunderte immer wieder die Kraft zum Aufbruch und zur Rückbesinnung gefunden hat. Ich freue mich, wenn manche Gedanken aus der Lebensweisheit und Spiritualität des hl. Benedikt das Leben der Kirche wirksam inspirieren, nachhaltig beseelen und beständig beflügeln. Dieses Buch möchte schenken, was es zu beschreiben versucht: Weite des Lebens und Weite des Herzens! Ein gutes Leben nach dem Bauplan des heiligen Benedikt.

Literaturverzeichnis

Benedikt von Nursia: Die Benediktusregel: lateinisch/deutsch = Regula Benedicti, hg. im Auftrag der Salzburger Äbtekonferenz, 6. Auflage, 18.–19. Tausend, Beuron, Beuroner Kunstverlag, 2020.

Benedikt XVI., Papst: Ansprache bei der Begegnung mit Vertretern aus der Welt der Kultur in Paris, Collège des Bernadins, 12. September 2008. https://www.vatican.va/content/benedict-xvi/de/speeches/2008/september/documents/hf_ben-xvi_spe_20080912_parigi-cultura.html [18.10.2023].

Bergson, Henri: Schöpferische Evolution, neu aus dem Französischen übersetzt von Margarethe Drewsen, Philosophische Bibliothek 639, Hamburg, Felix Meiner Verlag, 2013.

Blaichinger, Norbert: Pater B. – Eine Dokumentation, Ranshofen, Edition Innsalz, 2010.

Blaichinger, Norbert: Nie wieder schweigen. Sexueller Missbrauch in der kath. Kirche. Die Geschichte des Herrn O., Pater B., 2. Teil, Ranshofen, Edition Innsalz, 2012.

Böll, Heinrich: Für Samay (1985), in: Werke. Kölner Ausgabe. Band 23. 1984-1985, hg. von Hans Joachim Bernhard und Klaus-Peter Bernhard, Köln, Verlag Kiepenheuer & Witsch GmbH & Co. KG, 2007, S. 289.

Corpus consuetudinum monasticarum: Initia consuetudinis Benedictinae. Consuetudinis saeculi octavi et noni, Bd. 1, Cura Pontificii Athenaei Sancti Anselmi de Urbe praesidiisque Instituti Herwegeniani editum, Publici iuris fecit Kassius Hallinger OSB, Siegburg, Franz Schmitt, 1963.

Die Bibel: Einheitsübersetzung der Heiligen Schrift. Gesamtausgabe, vollständig durchgesehene und überarbeitete Ausgabe, Stuttgart, Verlag Katholisches Bibelwerk, 2016.

Die Satzungen der Österreichischen Benediktinerkongregation: hg. durch die Österreichische Benediktinerkongregation, im Eigenverlag [Furth bei Göttweig], 2006.

Dritte Generalversammlung der CELAM in Puebla 1979: https://www.kathpedia.com/index.php?title=3._Generalversammlung_der_CELAM_in_Puebla_1979 [18.10.2023].

Erbe und Auftrag: Benediktinische Zeitschrift – Monastische Welt, Beuron, Beuroner Kunstverlag, seit 1919.

Franziskus, Papst: Misericordiae vultus, Verkündigungsbulle des außerordentlichen Jubiläums der Barmherzigkeit, Vatikan, 11. April 2015. https://www.vatican.va/content/francesco/de/bulls/documents/papa-francesco_bolla_20150411_misericordiae-vultus.html [18.10.2023].

Goethe, Johann Wolfgang von: Faust II. Der Tragödie zweiter Teil, Köln, Anaconda, 2010.

Gregor I., Papst: Der hl. Benedikt. Buch II der Dialoge, lateinisch – deutsch, hg. im Auftrag der Salzburger Äbtekonferenz, St. Ottilien, EOS-Verlag, 1995.

Hallinger, Kassius: Gorze-Kluny. Studien zu den monastischen Lebensformen und Gegensätzen im Hochmittelalter, Studia Anselmiana, fasciculi 22–23.24–25 Orbis Catholicus, Bd. 1–2, Rom, Herder, 1950–1951.

Hesse, Hermann: Stufen. Gedicht vom 4. Mai 1941. https://www.lyrikline.org/de/gedichte/stufen-5494 [18.10.2023].

Johannes XXIII., Papst: Geistliches Tagebuch, Freiburg im Breisgau [u. a.], Herder, 1964.

Kasper, Walter: Barmherzigkeit. Grundbegriff des Evangeliums – Schlüssel christlichen Lebens, Freiburg im Breisgau [u. a.], Herder, 2012.

Kästner, Erich: Das doppelte Lottchen, Trier, Atrium, 2018.

Leclercq, Jean: Wissenschaft und Gottverlangen. Zur Mönchstheologie des Mittelalters, 1. Auflage, Düsseldorf, Patmos-Verlag, 1963.

Marti, Kurt: „und Maria“, in: Und Maria trat aus ihren Bildern. Literarische Texte, herausgegeben und erläutert von Karl-Josef Kuschel, Reihe Frauenforum, Freiburg im Breisgau [u. a.], Herder, 1990, hier S. 70–75.

Metz, Johann Baptist: Zeit der Orden? Zur Mystik und Politik der Nachfolge, Freiburg im Breisgau [u. a.], Herder, 1977.

Newman, John Henry Cardinal: Leben heißt sich wandeln und vollkommen sein heißt, sich oft gewandelt haben. Zitat original in Englisch in: An Essay on the Development of Christian Doctrine, 1845, Chapter 1, Section 1, Part 7, 1845. https://beruhmte-zitate.de/zitate/2003340-john-henry-newman-leben-heisst-sich-wandeln-und-vollkommen-sein-heisst/ [18.10.2023].

Paul VI., Papst: Apostolisches Schreiben Pacis nuntius, Rom, 24. Oktober 1964. https://www.vatican.va/content/paul-vi/la/apost_letters/documents/hf_p-vi_apl_19641024_pacis-nuntius.html [18.10.2023].

Puzicha, Michaela: Der Regel als Lehrmeisterin folgen. Aufsätze und Vorträge zur Benediktusregel, Regulae Benedicti Studia. Traditio et Receptio, Bd. 24, St. Ottilien, EOS-Verlag, 2013.

Puzicha, Michaela: „... die gemeinsame Regel des Klosters" (RB 7,55). Aufsätze und Vorträge zur Benediktusregel II, Regulae Benedicti Studia. Traditio et Receptio, Bd. 25, St. Ottilien, EOS-Verlag, 2017.

Puzicha, Michaela: „Nimm diese Regel..." (RB 73,8). Aufsätze und Vorträge zur Benediktusregel III, Regulae Benedicti Studia. Traditio et Receptio, Bd. 27, St. Ottilien, EOS-Verlag, 2021.

Schutz, Frère Roger: Lebe das, was du vom Evangelium verstanden hast. Und wenn es noch so wenig ist. Aber lebe es, Aphorismus, Briefe aus Taizé. https://www.aphorismen.de/zitat/72309 [18.10.2023].

Sölle, Dorothee: Das Recht ein anderer zu werden. Theologische Texte, Reihe Theologie und Politik, hg. v. Hans-Eckehard Bahr, Bd. 1, Neuwied und Berlin, Hermann Luchterhand Verlag, 1971.

Steffensky, Fulbert: Orte des Glaubens. Die sieben Werke der Barmherzigkeit, Stuttgart, Radius-Verlag, 2017.

Steindl-Rast, David / Pausch, Johannes: Erkenntnis, Wien, edition a, 2023.

Synthese-Bericht: „Auf dem Weg zu einer synodalen Kirche in der Sendung" der 16. Ordentlichen Generalversammlung der Bischofssynode. Erste Sitzung, 4.–29. Oktober 2023, Vatikanstadt, Teil 2, Alle Jünger, alle Missionare, Kapitel 9, Frauen im Leben und in der Sendung der Kirche, Buchstabe i, S. 22. https://www.dbk.de/fileadmin/redaktion/diverse_downloads/dossiers_2023/2023.10.28-DEU-Synthese-Bericht.pdf [19.12. 2023].

Thomas von Kempen: Die Nachfolge Christi, hg. und erläutert von Josef Sudbrack SJ, Topos Taschenbuch, Kevelaer, Butzon & Bercker, [2]2010.

Tomasi di Lampedusa, Giuseppe: Der Leopard. Roman, München, Piper, 1961.

Der Autor

Korbinian Birnbacher wurde 1967 in Bad Reichenhall als Georg Birnbacher geboren und ist in Anger/Oberbayern aufgewachsen. Von 1978 bis 1987 war er Alumne des Studienseminars St. Michael in Traunstein und legte am dortigen Chiemgau-Gymnasium das Abitur ab.

Im Jahr 1987 trat Birnbacher in die Erzabtei St. Peter in Salzburg ein und erhielt von Erzabt Franz Bachler OSB „Korbinian" als Ordensnamen – nach seinem ehemaligen Diözesanpatron. Es folgte das Theologiestudium an der Universität Salzburg und der Ordenshochschule Sant'Anselmo in Rom. Seine Ewigen Gelübde legte Birnbacher 1991 ab. Drei Jahre später empfing er durch Erzbischof Dr. Georg Eder im Salzburger Dom die Priesterweihe. Nach einem Pastoraljahr und einem zusätzlichen Studium der Archivwissenschaften am Vatikanischen Geheimarchiv promovierte er bei Pius Engelbert OSB mit der Arbeit „Die Erzbischöfe von Salzburg und das Mönchtum zur Zeit des Investiturstreites (1060–1164)".

Im Kloster St. Peter war Korbinian Birnbacher zunächst als Novizenmeister (1997–2004), Stiftsarchivar (1997–2013), Kustos der Kunstsammlungen (2003–2013) und Prior der Erzabtei (2009–2013) tätig. Seelsorgliche Aufgaben übernahm er als Hochschulpfarrer an der Katholischen Hochschulgemeinde Salzburg (1999–2003) und als Kooperator in Abtenau (2004–2009). 2013 wurde Korbinian Birnbacher auf 12 Jahre zum 88. Abt und 6. Erzabt seines Professklosters St. Peter gewählt.

Birnbacher ist seit 2014 Präsident der Bayerischen Benediktinerakademie (heute Benediktinische Akademie Salzburg), seit 2017 Zweiter Assistent im Präsidium der Österreichischen Benediktinerkongregation und seit 2019 Vorsitzender der Österreichischen Ordenskonferenz. Im Jahr 2023 wurde er für drei Jahre zum Päpstlichen Assistenten des Stiftes Klosterneuburg ernannt.

Er ist in zahlreichen ehrenamtlichen Funktionen in kirchlichen und nichtkirchlichen Gremien und Vereinigungen tätig: Mitglied des Vorstandes der Gesellschaft für Salzburger Landeskunde, Mitglied des Vorstandes der Freunde der Salzburger Festspiele, Obmann des Geschäftsführenden Ausschusses des Verwaltungsrates des Katholischen Hochschulwerkes, Mitglied des Vorstandes der Stiftung Pro Oriente … Zudem ist er Chefkaplan des Souveränen Malteserordens für das Großpriorat Österreich und Ehrenmitglied verschiedener katholischer Studentenverbindungen und geistlicher Ritterorden sowie des Rotary-Clubs.

Der Erzabt von St. Peter wird gerne zu Festgottesdiensten und Vorträgen – vor allem in seiner bayerischen Heimat – eingeladen.